Veganes Fitness Kochbuch

Mit pflanzlichen Eiweißquellen effektiv Muskeln aufbauen und Fett verbrennen. Durch eine gesunde, abwechslungsreiche und vegane Ernährung zum Traumkörper.

COOKING REVOLUTION

2.Auflage
Adrian Keck

ISBN: 9798532790827

Inhaltsverzeichnis

Muskelaufbau

»Du siehst deine Muskeln auf eine ganz besondere Weise an. Du siehst sie als etwas, das sich formen lässt, sodass eine Skulptur als eine Art Gesamtkunstwerk entsteht.«

Arnold Schwarzenegger

Der gezielte Aufbau von Muskeln, beziehungsweise die Steigerung von Muskelmasse, ist heutzutage Grund Nummer Eins für die vielen Anmeldungen im Fitnessstudio, denn Muskeln machen schön. Egal, ob fit und durchtrainiert oder doch ein Muskelpaket wie Arnold Schwarzenegger: Die Gesundheit und eine gesunde und kraftvolle Optik steigern weitaus mehr als nur das Selbstwertgefühl. Während das Konzept vom Muskelaufbau in den Achtzigern hauptsächlich im Bodybuilding zu finden war, ist es heutzutage Gang und Gebe, die Muskeln auch im kleinen Stil zu trainieren und seinen Körper so zu formen, wie es einem gefällt.
Die Ernährung spielt beim Aufbau der Muskeln natürlich eine maßgebliche Rolle. So sind Proteine, Kohlenhydrate und Fette ständige Begleiter, wenn es um die Frage geht: Was esse ich heute, um meine Muskeln auf gesunde Art und Weise aufzubauen? Gerade Proteine sind der Star in der Ernährung für den Sport, denn mit ihnen gelingt es uns am effektivsten, unsere Muskeln aufzubauen. Wer sich schon einmal genauer mit Proteinen beschäftigt hat, der weiß, dass diese auch Eiweiße genannt werden und in großer Zahl in tierischen Produkten vorkommen. Ist ein Muskelaufbau für Menschen mit vegetarischer oder veganer Lebensweise also überhaupt möglich?
Die Antwort auf diese Frage ist ganz eindeutig: Ja! Es ist auch Dir als Veganer oder Veganerin möglich, Deine Muskeln aufzubauen und zu formen. Dafür ist in Deiner Ernährung jedoch einiges zu beachten. Dieses Buch erklärt Dir die Grundlagen des Muskelaufbaus und der Muskelvergrößerung und zeigt Dir, auf welche Aspekte in der veganen Ernährung Du achten musst, um Deinen Körper richtig zu unterstützen und ihn hochwertig zu versorgen. Mit den vielen leckeren Rezepten in diesem Buch wird es Dir anschließend möglich sein, das Gelernte in die Tat umzusetzen und Deinen Körper mit all dem zu versorgen, was er für einen erfolgreichen Muskelaufbau benötigt. All das, ohne auf leckere Mahlzeiten und eine große Abwechslung in Deiner Ernährung zu verzichten. Viel Spaß beim Schuften im Fitnessstudio und anschließenden Schlemmern von gesunden und leckeren Rezepten!

Muskeln aufbauen – ganz einfach, oder?

Eigentlich scheint der Muskelaufbau gar nicht so kompliziert zu sein. Man nehme genügend Training, die richtige Nahrung und schon fangen die Muskeln an zu wachsen. Oder etwa doch nicht? Hinter dem Aufbau unserer Muskeln steckt weitaus mehr, als etwas Bewegung und das eine oder andere Lebensmittel. Um von vornerein zu wissen, worauf Du beim Aufbau Deiner Muskeln achten musst, ist es sinnvoll, zu wissen, was unsere Muskeln ausmacht und was passiert, wenn wir trainieren.

Bei einem Muskel handelt es sich nicht um nur einen Muskel per se. Vielmehr besteht ein Muskel aus mehreren Muskelfaserbündeln, welche wiederum aus mehreren Muskelfasern gebildet werden. Natürlich endet es nicht bei den Muskelfasern, denn diese bestehen wiederum aus mehreren Sarkomeren. Hierbei handelt es sich um die kleinste und dennoch funktionelle Einheit von der Skelettmuskulatur. In Sarkomeren findest Du zwei Elemente, welche kontraktil zueinander sind: Aktin und Myosin. Der Begriff ‚kontraktil' bedeutet in diesem Zusammenhang, dass die zwei Elemente es dem Muskel ermöglichen, sich zusammenzuziehen.

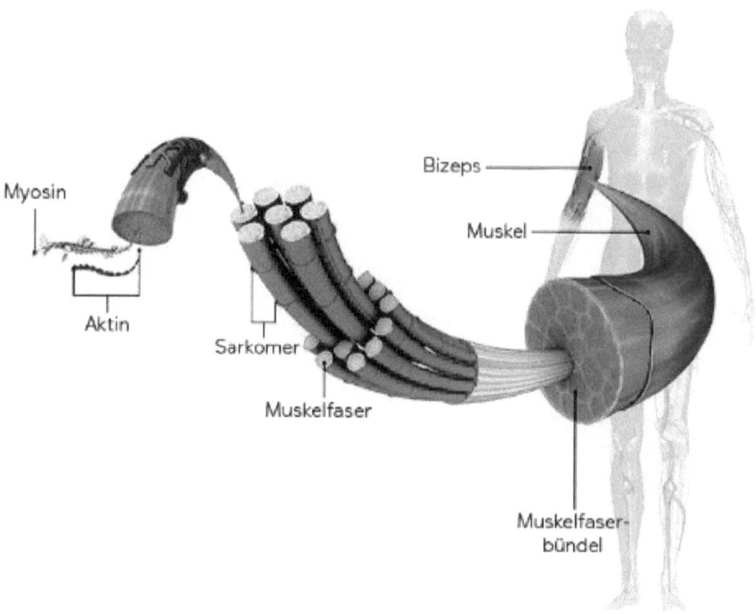

Doch wie genau bauen Muskeln sich nun auf und vergrößern ihren Querschnitt? Der wissenschaftliche Begriff für diesen Vorgang lautet: sarkomere Hypertrophie.

Die sarkomere Hypertrophie

Wer seine Muskeln im Krafttraining beansprucht, der übt eine starke Zugbelastung auf diese aus. Bei dieser Zugbelastung handelt es sich um nichts anderes als eine mechanische Überlastung des Muskels. Dies wiederum führt zu einer Störung der Struktur der Muskelfasern und der extrazellulären Matrix, die zu den Muskelfasern dazugehört. Schlussendlich führt das Training dazu, dass Du Deine Muskeln leicht beschädigst, weil Du sie bewusst zu stark beansprucht hast. Die Reaktion Deines Körpers darauf besteht nun darin, die Anzahl der Sarkomere in Deinen Muskelfasern während der Regenerationsphase zu steigern, damit zukünftige, ähnlich-starke Belastungen Deiner Muskeln nicht mehr zu einer Verletzung führen und Deine Muskeln geschützt sind.

Die neuen Sarkomere, die Dein Körper bildet, ersetzten jedoch nicht die bereits bestehenden Sarkomere und bilden sich deswegen parallel zu den alten Sarkomeren. Dementsprechend hat dieser Vorgang des Muskelaufbaus neben dem Namen „Sarkomere Hypertrophie“ auch die Bezeichnung: „parallele Hypertrophie“. Da nun zusätzliche Sarkomere gebildet werden, um Deine Muskeln zu stärken und zu schützen, ist das Ergebnis eine Vergrößerung des Durchmessers der einzelnen Muskelfasern (in welchen die Sarkomere zu finden sind), was zu einer Vergrößerung des gesamten Querschnitts Deiner Muskeln führt.

Die sarkomere Hypertrophie bedeutet für Deine Muskeln also nichts anderes als: „What doesn’t kill you makes you stronger“ – was Dich nicht umbringt, macht Dich stärker. Im Training überbelastest Du Deine Muskulatur bewusst zu stark und beschädigst einzelne Fasern in diesem Prozess. Der Muskelkater am nächsten Tag bestätigt Dir, gerade zu Beginn Deines Trainings, dass Du gute Arbeit geleistet hast und Deine Muskeln nun die Notwendigkeit verspüren, stärker zu werden, um beim nächsten Training nicht wieder zu stark beansprucht zu werden.

Typ A oder Typ B?

Dein Training läuft gut und Du achtest auf Dich und Deinen Körper. Dennoch klappt das mit dem Muskelaufbau und der Vergrößerung von Bizeps und Trizeps bei Deinem Trainingspartner viel besser als bei Dir. Wie kann das sein, wenn Ihr doch alles gemeinsam macht und Euch sogar ähnlich ernährt?

Muskelwachstum hängt tatsächlich nicht ausschließlich von Deinem Training und Deiner Ernährung ab, sondern ist zudem auch noch an Deine Genetik gebunden. So gemein es klingt, erzielen einige Leute mit dem gleichen Training und der gleichen Ernährung bessere Ergebnisse als andere. Das liegt unter anderem an der Anzahl verschiedener Muskelfasern, welche in Typ I-Fasern und Typ II-Fasern unterteilt werden:

- Typ I-Fasern werden auch Slow-Twitch-Fasern genannt, enthalten viel Myoglobin und sind stark durchblutet. Unter dem Elektronenmikroskop haben diese Muskelfasern sogar eine rötliche Farbe, weswegen Typ I-Fasern auch „rote Muskulatur" genannt werden. Diese Art von Muskelfasern ermüden nicht schnell und bringen eine gute Leistung bei Aktivitäten, die eine lokale Muskulatur benötigen. Jedoch sind Typ-I-Fasern nicht schnell und können auf lange Sicht keine großen Kräfte mobilisieren.

- Typ II-Fasern werden Fast-Twitch-Fasern genannt, enthalten weniger Myoglobin und sind weniger stark kapillarisiert (von Kapillaren durchzogen), also weniger gut durchblutet. Diese Art von Muskelfasern ist schneller als Typ I-Fasern und kann höhere Spitzenspannungen erreichen. Typ II-Fasern sind deswegen ideal für Kraftsport, eignen sich jedoch nicht für ausdauernde Kraft-Anforderungen.

- Zudem gibt es eine Mischform aus beiden Faser-Typen, welche als Intermediär-Typ bezeichnet wird.

Schlussendlich ist genetisch bestimmt, wie viele Typ I-Fasern und Typ II-Fasern sich in Deinen Muskeln befinden. Der Durchschnittsmensch hat von beiden Faser-Typen in der Regel eine 50/50-Verteilung. Bei manchen Menschen ist die Verteilung jedoch nicht ganz so ausgeglichen. Sprinter zum Beispiel besitzen oftmals mehr Typ II-Fasern, während Langstreckenläufer eine höhere Anzahl von Typ I-Fasern in ihren Muskeln aufweisen.

Welche Fasern eignen sich denn nun am besten für den Aufbau von Muskeln? Grundlegend haben Typ II-Fasern eine deutlich größere Kapazität zu wachsen als Typ I-Fasern. Wenn Du also genetisch bedingt mehr Typ II-Fasern besitzt, kannst Du Dich glücklich schätzen, denn die Querschnitts-Vergrößerung Deiner Muskeln wird Dir nicht so schwerfallen, wie Menschen mit anderer Faser-Verteilung. Dennoch ist der Aufbau von Muskeln auch für Menschen mit Typ I-Faser-Genetik nicht unmöglich und definitiv kein Grund, gar nicht erst mit dem Training zu starten.
Neben den Muskelfaser-Typen bestimmen auch noch mehr Einflüsse, wie gut das Training von Deinem Körper angenommen wird. So spielen Hormone wie Testosteron und Insulin eine große Rolle und auch Dein Alter und Dein Geschlecht beeinflussen Deinen Erfolg maßgeblich. Wer jedoch die Grundsteine, wie Ernährung und Training richtig legt und nutzt, der kann auch körperliche Begrenzungen austesten und vielleicht sogar überspringen!

Die richtige Nahrung für einen erfolgreichen Muskelaufbau

Welche Nahrung Du Deinem Körper verabreichst, bestimmt maßgeblich, wie groß Dein Trainingserfolg sein wird. Wer sich schlecht ernährt, gibt seinem Körper schlussendlich nichts zum Arbeiten, was dazu führt, dass der Muskelaufbau tatsächlich nicht funktionieren kann. Die Punkte bei der Ernährung für den Muskelaufbau, auf die Du achten musst, sind folgende:

1. Die Energiebilanz: Die Energiebilanz bezeichnet das Endergebnis zwischen aufgenommener Energie (in Form von Nahrung) und dem Energiebedarf Deines Körpers.

   - Ist die Energiebilanz negativ, dann hast Du Deinem Körper weniger Energie gegeben, als er verbraucht hat. Dies führt dazu, dass Dein Körper eigene energiereiche Stoffe abbaut. Man nennt diesen Prozess: Katabolismus. Während der Körper in der Katabolismus-Phase ist, ist es unmöglich, Muskeln aufzubauen.

   - Auch, wenn die Energiebilanz ausgeglichen ist, also Du genauso viel Energie verbrauchst, wie Du aufnimmst, ist dies keine optimale Ausgangsphase für den Muskelaufbau. Phasenweise kannst Du es einfach nicht vermeiden, dass Dein Körper einem Energiemangel ausgesetzt ist und sich an körpereigenen energiereichen Stoffen bedienen muss.

   - Damit Deine Muskeln richtig gut wachsen können und von Deinem Training profitieren, ist es notwendig, dauerhaft eine positive Energiebilanz zu halten. Diese Phase wird auch anabole Phase genannt. Vor allem die Kombination von einem dauerhaften Energieüberschuss in Verbindung mit Krafttraining verstärkt den anabolen Effekt und Deine Muskeln haben die Möglichkeit, zu wachsen und ihren Querschnitt zu vergrößern.

2. Die Makronährstoffverteilung: Natürlich ist es nicht egal, was Du Deinem Körper an Nahrung verabreichst, denn nicht jede Mahlzeit hat die gleiche Energie und die notwendigen Nährstoffe, die Du für einen erfolgreichen Muskelaufbau benötigst. Die wichtigsten Komponenten in der Makronährstoffverteilung sind: Proteine, Kohlenhydrate und Fette.

   - **Proteine:** Dein Muskelgewebe besteht hauptsächlich aus Proteinen, welche auch Eiweiße genannt werden. Die Zufuhr an Proteinen beeinflusst also maßgeblich, wie gut Deine Muskeln wachsen können. Die Deutsche Gesellschaft für Ernährung (DGE) empfiehlt eine tägliche Proteinaufnahme von 0,8 Gramm Eiweiß pro Körpergewicht. Wer sich sportlich betätigt oder sogar Kraftsport betreibt, der hat jedoch einen deutlich höheren Bedarf an Proteinen, nämlich ungefähr 1,4-1,7 Gramm Eiweiß pro Kilogramm Körpergewicht pro Tag.

   - Man nehme Kohlenstoff, Wasserstoff und Sauerstoff und erhält? Richtig, **Kohlenhydrate**. Auch, wenn Kohlenhydrate gerade beim Abnehmen nicht sonderlich gerne gesehen werden, sind sie notwendig für den Muskelaufbau, denn sie liefern ATP (Adenosintriphosphat), woraus Deine Muskeln Energie ziehen können. Dies ist jedoch kein Grund, ab sofort nur noch Pasta und Brot zu essen, denn eine niedrige Zufuhr von Kohlenhydraten genügt Deinem Körper, um an Deinen Muskeln zu bauen. So soll bereits eine Zufuhr von 50 Gramm Kohlenhydraten am Tag genügen. Schlussendlich ist aber auch dieser Wert umstritten. Als allgemeingültigen Richtwert kannst Du Dir aber merken, dass eine tägliche Zufuhr von 3-7 Gramm Kohlenhydraten pro Kilogramm Körpergewicht am Tag ausreichend ist.

   - Der energiereichste Nährstoff, den wir unserem Körper zuführen können, ist **Fett**. Gleichzeitig speichert unser Körper Fett als Energiereserve ab und auch als Baustoff für die Membranen der Zellen unseres Körpers ist Fett unverzichtbar. Schlussendlich hat Fett jedoch kaum Einfluss auf den Aufbau Deiner Muskeln und wenn doch, dann eher indirekt. So hat der Konsum von Fett Einfluss auf die Synthese von Testosteron. Auch wirkt sich die Aufnahme von Omega-3-Fettsäuren positiv auf die Erhöhung der Zellmembranfluidität aus, was für einen besseren Proteinmetabolismus sorgen kann. Die DGE empfiehlt, dass am Tag nicht mehr als 30% der Energiezufuhr aus Fetten bestehen sollten. Dabei sollten gesättigte Fettsäuren und Trans-Fettsäuren eher gemieden oder in geringen Mengen aufgenommen werden, weil diese sich negativ auf die Fettwerte Deines Blutes auswirken können. Wer sich sportlich betätigt, der kann sich an folgender Faustregel orientieren: Ein Gramm Fett pro Kilogramm Körpergewicht pro Tag. Denke jedoch dran: Wer Fette aufnimmt, darf die Zufuhr von ausreichend fettlöslichen Vitaminen nicht vergessen.

3. Das Nutrient-Timing: Wann Du Deinem Körper Nahrung zuführst, ist beim Muskelaufbau alles andere als egal. Gerade zwei bis drei Stunden nach dem Training befindet Dein Körper sich in einem sogenannten anabolen Fenster, in dem die Versorgung mit Proteinen und Kohlenhydraten sehr wichtig ist. Darüber hinaus ist es wichtig, Proteine nicht nur in einer großen Mahlzeit einzunehmen, sondern diese über den gesamten Tag in die Mahlzeiten einzuplanen. Die anabole Wirkung, welche eine proteinreiche Mahlzeit hervorruft, hält fünf bis sechs Stunden lang, weswegen es notwendig ist, spätestens alle sechs Stunden für Nachschub zu sorgen, damit der Körper sich durchgehend in der anabolen Phase befindet.

Vegane Ernährung

Wer sich vegan ernährt, der verzichtet, aus persönlichen oder gesundheitlichen Gründen auf Nahrungsmittel tierischen Ursprungs. Das beinhaltet natürlich Fleisch, Fisch, aber auch Milchprodukte und Eier werden von einem Großteil der Veganer nicht konsumiert. Wer sich als Veganer trotz des Fehlens von tierischen Produkten ausgeglichen ernähren möchte, der kann sich an der Ernährungspyramide für vegane Ernährung orientieren. Wer seine Ernährung nach Empfehlung dieser Pyramide zusammenstellt, der ernährt sich ausgewogen und gesund. Mangelerscheinungen sollten dementsprechend nicht auftreten, weil der Körper trotzdem all das bekommt, was er benötigt.

Während in der „normalen“ Ernährungspyramide für Nicht-Veganer Stufen wie Eier, Milchprodukte und Fleisch zu finden sind, müssen diese für eine vegane Lebensweise natürlich ersetzt werden. Die unteren drei Stufen jedoch sind in fast jeder Ernährungspyramide identisch:

1. Die wichtigste und größte Stufe und somit die Grundlage für eine ausgeglichene Ernährung stellt die Flüssigkeit dar.
2. Etwas kleiner ist die nächste Stufe der Pyramide, jedoch absolut wichtig für eine gesunde Ernährung: Obst und Gemüse. Da es sich hier nicht um tierische Produkte handelt, ist diese Stufe in der normalen, wie in der veganen Pyramide identisch.
3. Die drittgrößte Stufe bilden Getreide und Kartoffeln. Diese sind erneut keine tierischen Produkte, weswegen die ersten drei Stufen, die gleichzeitig die größten und wichtigsten Stufen sind, bei Veganern wie Konsumenten von tierischen Produkten identisch sind.
4. Erst in der vierten Stufe ändert sich die Bezeichnung. Während hier normalerweise der Begriff „Milchprodukte und Fisch“ steht, nutzt die vegane Ernährungspyramide die Bezeichnung: Eiweißprodukte, Nüsse und Samen, denn tierische Produkte kommen in der veganen Ernährungsweise nicht auf den Teller.

5. Aufgesetzt auf die vierte Stufe ist normalerweise die „Fleisch-Stufe“ der Pyramide zu finden. Bei Veganern heißt es hier jedoch: Öle, Fette und Salz.

6. Die letzte und kleinste Stufe der Pyramide ist fast überall die Gleiche, denn Genussprodukte, wie Süßspeisen, Knabbereien und Alkohol lassen sich in fast jeder Ernährungsweise finden.

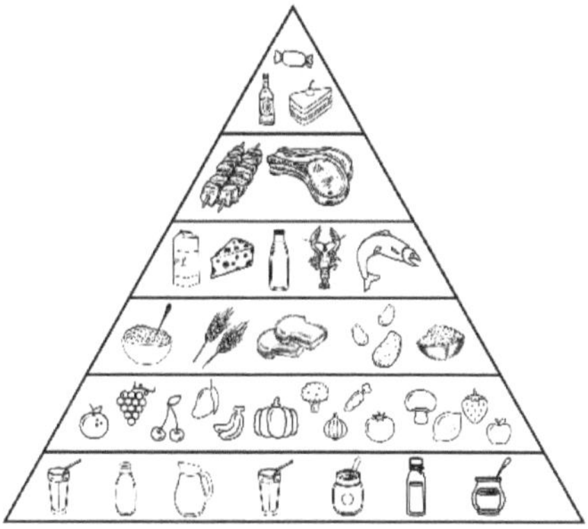

normale Ernährungspyramide

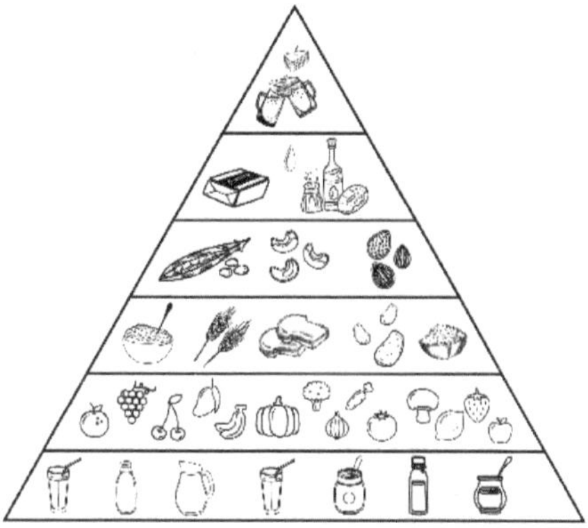

vegane Ernährungspyramide

Im Alltag eines Veganers kann eine solche Ernährungspyramide eine gute Orientierung für das geben, was gekocht und gegessen werden kann. Was Dich gerade für den Muskelaufbau interessieren sollte, sind die Stufen vier und fünf, denn hier musst Du einen Ersatz für die proteinhaltige tierische Nahrung finden, die Du in Deiner veganen Ernährungsweise nicht konsumierst. Aber keine Sorge, Eiweiße lassen sich nicht nur in Hühnereiern finden, sondern auch in vielen pflanzlichen Produkten.

Die Vorteile veganer Ernährung

Der Mensch ist nicht als Veganer geboren, so viel ist klar. Auch hat der Mensch tierische Produkte und Fleisch konsumiert, seit er anfing, zu jagen. Trotzdem verzichten immer mehr Menschen heutzutage auf Fleisch und oftmals auch komplett auf tierische Produkte. Die Gründe dafür sind vielfältig. So schließen viele Veganer tierische Produkte aus Gründen des Tierwohls aus ihrer Ernährung aus und lehnen gerade Massentierhaltung ab. Auch der Umweltschutz und Bedenken für die Wirkung unseres Konsums auf die sogenannte Dritte Welt sind Gründe, wieso Menschen Fleisch und tierische Produkte nicht mehr konsumieren möchten. Neben den ethischen Gründen gibt es aber auch gesundheitliche Vorteile, die immer mehr Menschen dazu bewegen, sich vegan zu ernähren.

1. Vegane Ernährung gegen zu hohes Cholesterin: Wer sich rein pflanzlich ernährt, der fügt seinem Körper weniger Cholesterin zu. Ein zu hoher Cholesterinwert kann unter anderem für Herzkrankheiten sorgen, weswegen dieser Gefahr durch eine vegane Lebensweise vorgebeugt wird.
2. Der regelmäßige Konsum von rotem und verarbeitetem Fleisch erhöht das Risiko, an Krebs zu erkranken. Natürlich kommen Veganer gar nicht erst in diese Bredouille, denn Fleisch kommt weder in roher noch in verarbeiteter Form auf den Teller.
3. Laut der Deutschen Gesellschaft für Ernährung laufen Veganer und Veganerinnen weniger Gefahr, an Krankheiten zu erkranken, die aufgrund einer schlechten Ernährung auftreten können.
4. Auch, wer Gewicht verlieren möchte, kann auf eine vegane Ernährungsweise umstellen, denn viele „Dickmacher" beinhalten tierische Produkte. Auch Fertigprodukte werden von Veganern oftmals gemieden, da es für diesen Markt bei weitem noch nicht so viel Auswahl gibt wie für fleisch-konsumierende Personen.

Die Schattenseite - Mangelernährung

Auch, wenn das alles bisher klingt, als sei die vegane Ernährungsweise unfehlbar und Allheilmittel gegen chronische Krankheiten und Übergewicht, gibt es auch in der pflanzlichen Ernährung Nachteile oder Mängel, die Dir bewusst sein sollten, damit Du auf lange Sicht gesund bleibst.
Primär handelt es sich bei den Nachteilen in der veganen Ernährung um Mängel an wichtigen Proteinen und Mineralien. Wir erinnern uns, Proteine sind wichtig für den Aufbau von Muskeln. Auch die Vitamine B2, D und B12, sowie Jod, Zink, Calcium und Eisen werden oftmals in einer veganen Ernährung in zu geringen Mengen konsumiert, wodurch eine Mangelerscheinung auftreten kann.
Solch eine Mangelerscheinung macht in der Regel erst auf sich durch Symptome aufmerksam, wenn der Körper alle eigenen Speicher an Vitaminen und Mineralien (wie die sie in der Leber oder den Fettzellen zu finden sind) geleert hat. Erst danach herrscht eine Mangelernährung, die sich durch Symptome zeigt. Deswegen ist es wichtig, von Anfang an auf eine ausgeglichene und ausgewogene Ernährung zu achten, denn im schlimmsten Fall bemerkst Du Deinen Mangel erst, wenn es bereits zu spät ist.
Symptome für eine vegane Mangelernährung sind zum Beispiel:

→ Häufige Müdigkeit oder Abgeschlagenheit

→ Eine Veränderung im Appetit (Du hast entweder gar keinen Appetit oder viel mehr als sonst)

→ Unwohlgefühl, Gedrückte Stimmung (in manchen Fällen mit Hang zur Depression)

→ Häufiges Auftreten von Muskelschmerzen

→ Schlechtere körperliche Fitness und Ausdauer

Wenn Du nun den Verdacht hegst, an einem Nährstoffmangel zu leiden, ist dies noch lange nicht das Ende der Welt und im Prinzip gar nicht schlimm. Es ist jedoch in solch einem Fall ratsam, Deinen Hausarzt aufzusuchen und Dich durchchecken zu lassen.

Vor allem die folgenden Nährstoffe neigen dazu, zu wenig in der veganen Ernährungsweise vorhanden zu sein, weswegen es hier ein paar Tipps gibt, mithilfe derer Du einer Mangelernährung und ihren Folgen vorbeugen kannst:

- **Eiweiße:** Tatsächlich sind Eiweiße in der veganen Ernährung eigentlich gar kein Problem, denn sie sind in Hülle und Fülle in pflanzlichen Produkten zu finden. Vor allem Hülsenfrüchte, Sojaprodukte, Nüsse und auch Pilze liefern dem Körper genügen Proteine.

- **Vitamin B12:** Dieses Vitamin macht den Veganern schon eher Probleme. Für unseren Körper und eine gesunde Funktionsweise ist Vitamin B12 unabdingbar, denn es wird für die Zellteilung benötigt. Leider kommt das Vitamin B12 kaum in pflanzlichen Nahrungsmitteln vor. Zwei Ausnahmen findest Du jedoch in Bier und Sauerkraut. Einen halben Kasten Bier trinken musst Du deswegen aber nicht. Es gibt inzwischen eine große Vielfalt an pflanzlichen Produkten, die mit dem B12 Vitamin angereichert wurden. Da Vitamin B12 vom Körper über einen langen Zeitraum gespeichert werden kann, wird ein eventueller Mangel oft erst nach zwei bis drei Jahren erkannt. Kleiner Tipp: Lasse deine Blutwerte alle drei Jahre überprüfen, um so einen eventuellen Mangel früh zu erkennen.

- **Vitamin D:** Dieses Vitamin lässt sich vor allem in Fisch und Fischöl finden. In pflanzlichen Nahrungsmitteln findest Du das Vitamin höchstens in Lebensmitteln wie Champignons oder Pfifferlingen. Natürlich kann unser Körper auch selbst Vitamin D produzieren, jedoch muss dafür die Sonne scheinen, was in vielen Regionen manchmal tage- bis wochenlang nicht der Fall ist. Vitamin D-Präparate sind deswegen für einen gesunden Lifestyle ohne Mangelernährung gerade im Winter notwendig.

- **Kalzium:** Diesen Nährstoff finden wir vor allem in Milch und Produkten aus Milch. Zum Glück lässt sich Kalzium aber auch in anderen, pflanzlichen Lebensmitteln wie Brokkoli, Grünkohl, Bohnen, Mandeln, Fenchel und Haselnüssen finden. Auch aus kalziumreichem Mineralwasser kannst Du eine Menge des Minerals beziehen. Hier sollte also für jeden eine Möglichkeit dabei sein.

- **Eisen:** Wer meint, Eisen ließe sich nur in tierischen Produkten finden, der irrt. Auch in pflanzlichen Lebensmitteln lässt sich eine gute Portion Eisen finden. Das Problem ist jedoch die Aufnahme, denn während wir tierisches Eisen gut aufnehmen und verwerten können, ist das mit pflanzlichem Eisen nicht so gut möglich. Für Veganer empfiehlt sich deswegen, zusätzlich Vitamin C einzunehmen, denn das hilft, das Eisen aus pflanzlichen Produkten aufzunehmen und zu verwerten.

- **Jod:** Jod lässt sich viel in Fisch und Fischprodukten vorfinden. Hier gibt es aber auch viele pflanzliche Alternativen, wie jodiertes Speisesalz oder Algen, wie sie in Nori-Blättern für Sushi verarbeitet werden.

Das alles klingt nun vielleicht drastischer, als es schlussendlich ist. Jedoch ist es für Dich wichtig, auf Deine Ernährung und Deinen Körper zu achten, gerade, wenn Du anstrengenden Sport machen möchtest und Deine Muskeln beim Wachsen unterstützen willst.

Proteinquellen in der veganen Ernährung

„Muskeln aufbauen mit veganer Ernährung? Das kannst Du doch vergessen!" – bestimmt hast Du einen solchen Kommentar schon einmal gehört oder zumindest mitbekommen, dass bei Kraftsportlern fast nur Hühnchen und Quark konsumiert werden. Tatsächlich gibt es gerade in einigen frischen, pflanzlichen Lebensmitteln ein relativ hohes Vorkommen an Proteinen. Du musst also nicht einmal zu Proteinpulvern greifen, um auf Deinen täglichen Bedarf zu kommen.

Die folgenden Produkte sind voller Proteine und das, obwohl sie rein pflanzlich sind:

- ✓ **Quinoa:** Der sogenannte Reis der Inkas enthält fast 14 Gramm Eiweiß pro 100 Gramm. Darüber hinaus enthält Quinoa alle 9 wichtigen Aminosäuren. Es handelt sich hier also um einen Allrounder, den Du auf verschiedene Art und Weise in Deiner Küche verarbeiten kannst.
- ✓ **Linsen:** Sie enthalten nicht nur Ballaststoffe und haben einen geringen Fettgehalt, was sie kalorienarm macht, Linsen können auch bis zu 26,6 Gramm Protein pro 100 Gramm beinhalten.
- ✓ **Bohnen:** Nicht nur im Chili sin Carne sind Bohnen ein absoluter Renner, auch im Salat oder in einer Vielzahl an Gerichten kannst Du die kleinen Bohnen einsetzen. 100 Gramm können je nach Sorte bis zu 9 Gramm Eiweiße enthalten.
- ✓ **Nüsse:** Nüsse sind nicht nur eiweißreich und enthalten bis zu 25 Gramm Eiweiß pro 100 Gramm (zum Beispiel bei Erdnüssen so zu finden), sondern enthalten darüber hinaus auch viele gesunde Fette.
- ✓ **Reis:** Wie? Selbst Reis enthält Proteine? Aber klar doch! Bis zu 7 Gramm Proteine kannst Du in 100 Gramm Naturreis finden.
- ✓ **Hanf:** Hiermit ist nicht das grüne Zeug gemeint, welches bei dem Einen oder Anderen schon einmal den Weg in die Lunge findet. Tatsächlich wird aus der Hanf-Pflanze deutlich mehr gewonnen als das Rauschmittel. Hanfpulver zum Beispiel enthält zwischen 40 und 50 Gramm Protein auf 100 Gramm und das, ohne Dich zu berauschen. Darüber hinaus findest Du in Hanfpulver eine Menge an Vitaminen und Aminosäuren.
- ✓ **Lupinenmehl:** Bei Lupinen handelt es sich um Hülsenfrüchte, aus denen Mehl hergestellt werden kann. Mit diesem Mehl kannst Du nicht nur backen, sondern auch Deine Smoothies oder Shakes verfeinern. Neben aller essentiellen Aminosäuren enthält Lupinenmehl nämlich 40 Gramm Eiweiße pro 100 Gramm.

- ✓ **Sojaprodukte:** In Sojabohnen ist eine große Menge an pflanzlichem Eiweiß zu finden, 100 Gramm Tofu zum Beispiel enthält 12,2 Gramm Eiweiße.
- ✓ **Amaranth:** Das Powerfood Amaranth ist nicht nur reich an Mineralstoffen und Spurenelementen, es enthält auch noch hochwertiges Eiweiß, nämlich 16 Gramm Protein in 100 Gramm Amaranth.
- ✓ **Gemüse:** Selbst in frischem und unverarbeitetem Gemüse lassen sich Proteine vorfinden. So enthält 100 Gramm frischer Spinat bis zu 3 Gramm Protein. Eine Avocado hält 2 Gramm Protein bereit, während Erbsen sogar bis zu 5 Gramm Eiweiße enthalten.

Du siehst also: Selbst ohne tierische Produkte oder Nahrungsergänzungsmittel ist es Dir mit einer veganen Ernährung möglich, ausreichend Proteine zu Dir zu nehmen und die Querschnittsvergrößerung Deiner Muskeln zu unterstützen. Das alles mit gutem Gewissen und bei bester Gesundheit.

Tierische Proteine vs. Pflanzliche Proteine

Was genau ist denn nun besser? Tierische Proteine oder pflanzliche?
Ein „besser“ oder „schlechter“ lässt sich in diesem Fall nicht unbedingt zuordnen. Was sich jedoch deutlich sagen lässt, ist, dass pflanzliche Proteinquellen in der Regel mehr wichtige Aminosäuren und Ballaststoffe enthalten. Dementsprechend konsumierst Du das jeweilige Lebensmittel nicht nur für das Protein, welches es enthält, sondern ernährst Dich rundum gesund mit dem positiven Nebeneffekt, Deinem Körper eine Menge an Proteinen zu geben, mithilfe derer der Aufbau Deiner Muskeln mit etwas Arbeit gelingen wird.
Dass tierische Lebensmittel so viel mehr Proteine beinhalten als pflanzliche Lebensmittel, ist übrigens ein Irrglauben. Schau Dir die Werte in der folgenden Übersicht an und vergleiche einfach selbst!

Tierisch	Eiweiß / 100g	Pflanzlich	Eiweiß / 100g
Eier	6 Gramm / mittelgroßem	Haferflocken	13 Gramm
Magerquark	13 Gramm	Mandeln	21 Gramm
Griechischer Joghurt	8-10 Gramm	Kürbiskerne	25 Gramm
Milch	3 Gramm	Brokkoli	3 Gramm
Hähnchenbrust	23 Gramm	Rote Linsen	21 Gramm
Parmesankäse	35 Gramm	Quinoa	13 Gramm
Mageres Rindfleisch	28 Gramm	Kichererbsen	20 Gramm
Forelle	24 Gramm	Spinat	13 Gramm
Lachs	20 Gramm	Sojabohnen	24 Gramm
Garnelen	19 Gramm	Weizenkeime	32 Gramm

Muskelaufbau mit veganer Ernährung

Wie Du siehst, ist es keine Wissenschaft, tierische Proteine durch Pflanzliche zu ersetzen, im Gegenteil: Es ist sogar recht einfach, denn wer sich ohnehin gesund und ausgewogen ernährt, für den führt kein Weg an hochwertigen Nahrungsmitteln vorbei, die mit etwas Planung genügend Protein liefern, damit Deine Muskeln wachsen und gedeihen können. Die Planung wurde in diesem Rezeptbuch bereits für Dich übernommen, denn mithilfe der vielen Rezepte ist es Dir möglich, einfach das zu kochen, worauf Du Lust hast, ohne recherchieren zu müssen, welche Menge an Proteinen vorhanden ist.

Einige Kleinigkeiten solltest Du, vor allem zu Beginn Deiner Muskelaufbau-Reise, beachten und festlegen, bevor es so richtig losgehen kann. Eine dieser Kleinigkeiten ist Dein täglicher Grundumsatz an Kalorien, denn gerade während Du Deine Muskeln aufbauen möchtest, ist es nicht ratsam, in ein Kaloriendefizit zu rutschen, also mehr Energie zu verbrauchen, als Du Deinem Körper zuführst. Dementsprechend ist es für Dich, auch, wenn es nicht ums Abnehmen per se geht, wichtig zu wissen, was Dein Energiebedarf ist. Da jeder Mensch verschieden ist und der Metabolismus eines jeden Körpers nur der (Körper-)eigenen Uhr folgt, lässt sich der tägliche Verbrauch am besten individuell berechnen.

Energie-Grundumsatz

Der Grundumsatz bestimmt die Energie-, bzw. Kalorienmenge, die Dein Körper benötigt, um all seine Funktionen aufrecht zu erhalten. Dabei wird der Grundumsatz für einen ruhigen Tag berechnet, an dem Du Dich nicht viel bewegst und schon gar keinen Sport machst. Der Umsatz an Kalorien, den Dein Körper täglich benötigt, lässt sich mithilfe einer Formel festlegen, die Geschlecht, Körpergewicht, Alter und Größe mit einbezieht.

Die sogenannte ‚Harris-Benedict-Formel' hilft Dir, Deinen eigenen Grundumsatz an Energie zu berechnen:

- **Für Männer:**

66,47 + (13,7 * Körpergewicht in Kilogramm) + (5 * Körpergröße in Zentimeter) – (6,8 * Alter in Jahren) = Grundumsatz in Kilokalorien pro 24 Stunden

Als Beispiel:

Ein 40-jähriger Mann, der ein Gewicht von 100kg auf die Waage bringt und 1,90m groß ist, hat folgende Rechnung:

66,47 + (13,7 * 100) + (5 * 190) – (6,8 * 40) = 2.114 kcal / 24 Std.

- **Für Frauen:**

655,1 + (9,6 * Körpergewicht in Kilogramm) + (1,8 * Körpergröße in Zentimeter) – (4,7 * Alter in Jahren) = Grundumsatz in Kilokalorien pro 24 Stunden

Als Beispiel:

Eine 35-jährige Frau, die ein Gewicht von 70kg hat und 1,70m groß ist, rechnet wie folgt:

655,1 + (9,6 * 70) + (1,8* 170) – (4,7 * 35) = 1.468 kcal/24 Std.

Natürlich liegst Du nicht den ganzen Tag auf dem Sofa und tust nur das Nötigste, vor allem nicht, wenn Deine Muskeln aufgebaut werden sollen. Damit Du nicht schätzen musst, wie viele Kalorien Du durch körperliche Anstrengungen verbrauchst und dementsprechend nicht in ein Defizit rutschst, gibt es eine einfache Richtlinie, mithilfe derer Du ebenfalls errechnen kannst, wie viele Kalorien Du durch Deine alltägliche Bewegung und körperliche Anstrengungen verbrauchst.

Leistungsumsatz

Der Leistungsumsatz lässt sich am besten mit PAL-Werten errechnen. Die Abkürzung steht für den Begriff: ‚Physical Activity Level', welcher sich in verschiedene Level aufteilen lässt:

Faktor	Aktivität	Beispielaktivität
0.95	Schlafen	
1,2	Sitzen oder Liegen	
1,4-1,5	Sitzen, kaum körperliche Aktivität	Büroarbeit, Sitzen am Schreibtisch
1,6-1,7	Gehen, Stehen, überwiegend Sitzen	Studenten, Schüler, Busfahrer, Taxifahrer
1,8-1,9	Überwiegend Stehen und Gehen	Kellner, Handwerker, Verkäufer
2,0-2,4	Körperlich anstrengende Arbeit und Sport	Gärtner, Landwirte, Leistungssportler

Deinen neuen Kalorienumsatz berechnest Du mithilfe der PAL-Tabelle wie folgt:
Faktor der jeweiligen Aktivität * Stunden, die die Aktivität ausgeübt wurde : 24 (Stunden) = täglicher Faktor * Grundumsatz = Gesamtenergiebedarf

Kleines Beispiel gefällig? Eine Person hat einen täglichen Energie-Grundumsatz von 1500 kcal und arbeitet acht Stunden lang als Kellner, läuft und steht also die meiste Zeit:

1,8 (Faktor) * 8 (Arbeitsstunden) : 24 (Tagesstunden) = 0,6
0,6 x 1500 (Grundumsatz) = 900 (Leistungsumsatz)

Um nun zu berechnen, wie viel Energie am Tag aufgenommen werden darf oder muss, müssen nun nur noch der Grundumsatz und der Leistungsumsatz zusammengerechnet werden. Im Fall unserer Beispielperson beträgt der Grundumsatz 1500 kcal und der Leistungsumsatz 900 kcal. Schlussendlich besteht der Gesamtumsatz dieser Person also aus 2400 kcal.

Bei diesen Angaben handelt es sich in erster Linie nur um Richtwerte, denn einige kleine Faktoren in Deinem Alltag können einiges ausmachen. So verringert warme Kleidung zum Beispiel den Grundumsatz, während er durch Fieber oder Frieren wieder ansteigen kann. Auch die bereits vorhandene Muskelmasse beeinträchtigt Deinen Grundumsatz an Kalorien. Die Regel ist hier: Je mehr Muskeln Du hast und aufbaust, desto mehr Energie verbrauchst Du auch, selbst in Ruhephasen, in denen Du schläfst oder liegst.

Selbstverständlich musst Du nun nicht Zettel, Stift und Taschenrechner herausholen und tippen, bis der Kopf qualmt. Stattdessen ist es ratsam, sich von modernen Apps und Rechnungssystemen helfen zu lassen, die Dir nach der Eingabe einiger einfacher Fakten Deinen Gesamtumsatz ganz schnell und unkompliziert berechnen. Auch für das Nachhalten Deiner Nahrungszufuhr und Deiner Aktivitäten eignen sich solche Applikationen hervorragend und helfen Dir, Deinen Fortschritt digital festzuhalten. Darüber hinaus lässt sich mit ihnen bestimmen, welche Menge an Proteinen Du täglich zu Dir nehmen musst, um Deinen Muskeln ausreichend Baumaterial zu liefern (ansonsten hältst Du Dich an die Regel: 1,4 – 1,7 g Protein pro Kilogramm Körpergewicht am Tag).

So baust Du vegan Muskeln auf

Wer Muskeln aufbauen möchte, egal, ob mit veganer, vegetarischer oder fleischhaltiger Ernährung, der muss sich nicht nur sinnvoll ernähren, sondern vor allem Eines tun: sich sportlich betätigen. Die Dauer und Intensität Deines Trainings bestimmen schlussendlich, welche Nährstoffe Dein Körper zur Gewinnung von Energie nutzt.
So werden bei einem kurzen und intensiven Training hauptsächlich Kohlenhydrate verbraucht, während ein Training, das weniger intensiv ist und dafür länger anhält, sich vor allem an Fetten und Fettsäuren bedient, um Energie zu gewinnen. Gerade Kraft- und Ausdauersportler sollten ihrem Körper deswegen nicht einfache, sondern komplexe Kohlenhydrate vor einem Training zur Verfügung stellen. Was die Fette in Deiner Nahrung angeht: Hier ist es sehr wichtig, hochwertige Fette zu Dir zu nehmen, wie Du sie in Avocados Nüssen und Ölen vorfindest. Schlussendlich benötigst Du natürlich auch noch eine gewisse Anzahl an Proteinen, die sich trotz veganer Ernährung jedoch spielend leicht finden lassen. Die Vitamine und Mineralien, die Dir nun noch für eine ausgewogene Ernährung fehlen, erhältst Du ganz einfach aus Obst und Gemüse. So hast Du alle notwendigen Komponenten beisammen, die es Dir erlauben, Ausdauertraining zu betreiben, fitter zu werden und Deine Muskeln aufzubauen.
Einen überaus wichtigen Punkt stellt außerdem noch Deine Flüssigkeitszufuhr dar. So ist sie elementar für den Ausgleich von Flüssigkeit, die Du während Deines Trainings verlierst. Am besten eignen sich hier Flüssigkeiten, wie stilles Mineralwasser, Tees ohne Zucker oder Saftschorlen. Wer während des Trainings dehydriert, der muss mit Erschöpfung, Muskelschmerzen, Kopfschmerzen und Unkonzentriertheit rechnen. Eine starke Flüssigkeits-Unterversorgung kann in Extremfällen sogar für Muskelkrämpfe, Bewusstlosigkeit oder Herzprobleme sorgen. Ein erfolgreiches Training sieht definitiv anders aus.

Eine Ernährung nach Plan

Wer sich noch nicht lange mit dem Muskelaufbau befasst und diesen nun mit seiner veganen Ernährung kombinieren möchte, für den ist es ratsam, sich für Tage oder Wochen einen Ernährungsplan zu erstellen. Gerade bei veganer Ernährung im Kraftsport ist es ratsam, fünf bis sechs kleine Mahlzeiten am Tag zu Dir zu nehmen, damit Dein Körper durchgehend mit Nährstoffen versorgt ist. Auch Dein Blutzuckerspiegel ist ausgeglichener, wenn Du mehrere kleine Mahlzeiten, statt weniger großen Mahlzeiten zu Dir nimmst.
Nachfolgend findest Du zwei vegane Ernährungspläne für einen Tag, die Dir aufzeigen sollen, wie Deine Ernährung für den Muskelaufbau ab sofort aussehen könnte. Natürlich kannst Du Dir auch selbst einen Ernährungsplan für die nächsten Tagen und Wochen mithilfe der Rezepte in diesem Buch zusammenstellen. So fällt das Einkaufen übrigens auch leichter und Du läufst nicht zu schnell Gefahr, in Versuchung geführt zu werden.

Ernährungsplan-Beispiel 1

Frühstück:

- ✓ Veganer Proteinshake
- ✓ Banane
- ✓ 2 Teelöffel Mandelbutter

Vormittag:

- ✓ Eine gebackene Süßkartoffel
- ✓ Linsensuppe
- ✓ Gurkensalat mit Avocado und Tomaten

Mittagessen:

- ✓ Vegetarischer Burger
- ✓ Apfel
- ✓ Salat aus Grünkohl mit Kürbiskernen

Nach Deinem Training:

- ✓ Wrap mit Edamame und Quinoa
- ✓ Veganer Proteinshake
- ✓ Banane

Abendessen:

- ✓ Chili sin Carne
- ✓ Vor dem Schlafen:
- ✓ Ein Esslöffel Mandelbutter
- ✓ Veganer Proteinshake

Ernährungsplan Beispiel 2

Frühstück:

- ✓ Veganer Proteinshake
- ✓ Haferbrei

Vormittag:

- ✓ Eine Gurke
- ✓ Apfel
- ✓ Hand voll Trauben und Erdbeeren

Mittagessen:

- ✓ Veganer Proteinshake
- ✓ Bohnen mit Sprossen und Artischocken
- ✓ Großer Salat

Nach dem Training:

- ✓ Sellerie-Stücke mit Mandelbutter

Abendessen:

- ✓ Grüner Beilagensalat
- ✓ Veganer Burrito mit Bohnen, Avocado und Quinoa

Vor dem Schlafengehen:

- ✓ Nüsse
- ✓ Veganer Proteinshake

Das alles mag für Dich jetzt klingen, wie eine Menge Aufwand und eine große Menge an Nahrungsmitteln, die es zu essen gilt. Lasse Dir aber gesagt sein, dass Dir das Einkaufen, Zubereiten und Verspeisen mit etwas Gewöhnung gar nicht schwerfallen wird und schlussendlich einfach notwendig ist, um Deinem Körper rundum zu versorgen und ihm all das zu geben, was er benötigt.

Tipps und Tricks für einen einfachen Muskelaufbau

Wer seine Muskeln verändern, vergrößern und generell stärken möchte, der hat eine Menge Arbeit an seinem eigenen Körper geplant. Dass diese Arbeit das eine oder andere Mal nicht mit purer Motivation von statten geht, ist jedem bewusst. Damit Du nicht auf halber Strecke schlappmachst oder Dir die Lust vergeht, findest Du hier ein paar kleine Tipps, mithilfe derer es Dir hoffentlich leichter fallen wird, am Ball zu bleiben, Deinen Alltag sinnvoll zu strukturieren und Dich und Deinen Körper noch besser kennenzulernen.

Türkische Supermärkte

Zugegeben, die türkische Küche ist nicht wirklich als vegane Küche bekannt, eher im Gegenteil. Türkische Supermärkte jedoch haben ein großes Sortiment an veganen Produkten, die es teilweise sogar zum kleineren Preis als in unseren Stamm-Supermärkten gibt. Ein zweites Plus: Die türkische Esskultur nutzt deutlich mehr Hülsenfrüchte als unsere Esskultur, weswegen Du Dir hier eine gute Proteinquelle sicherst. Auch an Nüssen und frischem Obst und Gemüse und getrockneten Früchten (zum oftmals kleineren Preis) fehlt es türkischen Supermärkten nicht. Wenn Du also das Glück hast, einen türkischen Supermarkt in Deiner Nähe oder Deiner Stadt zu haben, statte ihm doch mal einen Besuch ab!

Alles zur richtigen Zeit

Gerade aufgewacht, dann schnell ein Frühstück gemacht und ab zur Arbeit. Danach noch schnell einkaufen und direkt zum Treffen mit den Freunden und schon ist der Tag wieder vorbei. Wann genau wolltest Du heute noch einmal trainiert haben?
Sein Training im stressigen Alltag unterzubringen, ist oftmals ein großer Balance-Akt, denn ein zielführendes Training nimmt Zeit in Anspruch, die oftmals ohnehin schon knapp verfügbar ist. Ein kleiner Tipp für diese Problematik ist: Passe Dich nicht Deinen Trainingszeiten an, sondern passe sie Deinem Alltag an. Ist es zum Beispiel sinnvoll, morgens vor der Arbeit Dampf abzulassen und frisch in den Tag zu starten oder bist Du eher eine Nachteule und machst abends oder nachts das Fitnessstudio unsicher? Beobachte Dich selbst und entscheide, wann Dein stressiger Alltag eine gründliche Trainingseinheit zulässt. Auch ist Deine Präferenz hier entscheidend. Kommst Du morgens nur schwer aus dem Bett und würdest den Wecker am liebsten fünf Mal schlummern lassen, dann ist ein morgendliches Training vor der Arbeit eher nichts für Dich. Glücklicherweise kennst Du Dich selbst am besten und kannst deswegen entscheiden, wann am Tag es Dir am leichtesten fallen wird, Deinen inneren Schweinehund zu überwinden und an Deiner Fitness und Deinen Muskeln zu arbeiten.

Die Stulle für unterwegs

Schon wieder der stressige Alltag, in dem es einfach schwierig ist, sich gesund und ausgeglichen zu ernähren. Vor allem, wenn es in der Kantine doch einfach nichts Veganes gibt, was gleichzeitig auch noch gesund ist. Damit Du nicht von Deinem Ernährungsplan abweichen musst oder hungrig durch den Tag gehst (was übrigens nicht vorteilhaft wäre, weil Du dann in ein Kaloriendefizit rutschst), ist es ratsam, Dich vorzubereiten. Die Stulle für unterwegs muss natürlich auch kein klassisches Pausenbrot sein, sondern kann alles sein, was Du zuhause gemütlich vorbereiten und für den Arbeitstag mitnehmen kannst. Das könnten zum Beispiel Salat, Kartoffeln, Bohnen, Brokkoli oder einfach eine Banane für zwischendurch. Ratsam ist es außerdem, für mehrere Tage vorzukochen, das erspart Dir Zeit und Arbeit und garantiert, dass Du nicht in schlechte Essgewohnheiten verfällst oder hungrig durch den Tag gehen musst.

Liebes Tagebuch

Liebes Tagebuch, meine heutigen Mahlzeiten waren…' – gut, so musst Du vielleicht kein Tagebuch führen, jedoch ist es für Dich ratsam, ab sofort ein kleines Tagebuch zu führen und nachzuhalten, was Du isst und welches Training Du machst. So hast Du eine Übersicht über eingenommene Nährstoffe und verbrauchte Kalorien. Zum einem rutschst Du so weniger schnell in ein Kaloriendefizit und zum anderen weißt Du mit Sicherheit, wie viele Proteine Du zum Beispiel schon zu Dir genommen hast und wie viele Du an diesem Tag noch benötigst, um auf die notwendige Menge zu kommen. So ein Tagebuch musst Du im Zeitalter der modernen Technik übrigens nicht einmal selbst und handschriftlich führen. Nutze doch einfach Tracking-Apps für Dein Smartphone, die Dir nicht nur helfen, zu bestimmen, welchen Gesamtverbrauch Du überhaupt hast, sie rechnen Dir auch schnell und unkompliziert aus, wie viel Du mit dem letzten Training wegtrainiert hast. Darüber hinaus haben solche Apps so gut wie alle Lebensmittel mit ihren Nährwertangaben eingespeichert, weswegen Du am Ende des Tages (und natürlich schon währenddessen) eine gute Gesamtübersicht über zugeführte Nährstoffe hast. Einer Mangelernährung beugst Du so auf jeden Fall vor und kannst einfach und unkompliziert Dein Training und Deine Ernährung nachhalten.

Damit Du nicht aus Deinen Fehlern lernen musst

Wir alle machen mal Fehler, auch im Training und in unserer Ernährung für den Muskelaufbau. Das ist auch gar nicht schlimm, denn aus Fehlern lernt man bekanntlich. Damit Du jedoch einige Knackpunkte von vornerein umgehen kannst und Du weißt, worauf Du achten musst, findest Du in den folgenden Abschnitten ein paar Fehlerquellen, die dem einen oder anderen schon mal das Training oder den Tag vermiest haben und die Du nun umgehen kannst!

Der volle Bauch beim Training

Gleich geht's los zum Training, aber vorher wird noch eben schnell die vegane Pizza aufgegessen – das ist keine gute Idee. Zwar solltest Du vor dem Training gegessen haben, jedoch zählen Fastfood und Fertigprodukte nicht zu dem Sortiment, das Deinem Bauch und Dir guttut, vor allem vor einem anstrengenden Training. Spätestens zwei Stunden, bevor Du Dein Training beginnst, solltest Du Deine Mahlzeit verspeist haben. Diese sollte nicht zu fettig und ballaststoffreich sein, denn dann fühlst Du Dich während des Trainings schwer und Dir fehlt die notwendige Energie. Setze statt auf Fast Food lieber auf eine moderate Portion Reis, Kartoffeln oder einen leckeren Salat. Schlage Dir den Bauch aber nicht zu voll, denn wir wissen alle: Ein voller Bauch studiert nicht gerne (und das Training wird er auch nicht mögen).

Ein trockener Mund ist nichts Positives

Ja, wir bekommen Durst, wenn wir uns körperlich betätigen, denn das ist ein Zeichen unseres Körpers, dass er Flüssigkeitsnachschub braucht, um unseren aufgeheizten Körper weiter herunter zu kühlen. Trotzdem solltest Du nicht erst anfangen zu trinken, wenn Du während des Trainings einen trockenen Mund bekommst und Dich fühlst, als wärest Du drei Tage ohne Wasser durch die Sahara gelaufen. Gerade, wer Muskelsport betreibt, sollte darauf achten, über den Tag verteilt mindestens zweieinhalb bis drei Liter Flüssigkeit zu sich zu nehmen. An Trainingstagen darf es auch gerne mehr sein. So unterstützt Du nicht nur Deine Ausdauer und Muskelkraft, Du hilfst auch Deinen Nieren, eventuell zu hohe Dosen an Protein wieder aus Deinem Körper zu befördern.

Die Mahlzeit nach dem Training

Du hattest ein hervorragendes Training und bist gerade auf dem Heimweg. Jetzt noch ausgiebig einkaufen und dann vielleicht nachher noch eine Kleinigkeit kochen. Hierbei handelt es sich um keine gute Idee. Der Fehler bei dieser Denkweise liegt nämlich darin, dass Du am besten sofort nach dem Training eine ordentliche Mahlzeit isst. Diese sollte Kohlenhydrate und ausreichend Proteine enthalten, damit Dein Glykogen-Speicher wieder aufgefüllt wird und Deine Muskeln genügend Proteine bekommen, um sich regenerieren und weiter wachsen zu können. Ein ausgiebiger Einkauf nach dem Training und noch kurz der Kaffee mit dem besten Freund ist dementsprechend nicht ratsam, denn innerhalb der ersten zwei Stunden nach Deinem Training solltest Du Deinem Körper wieder genügend Treibstoff verabreichen. Ratsam ist es also, direkt nach dem Training einen kleinen Snack zu essen und die richtige Mahlzeit zuhause schon vorbereitet oder so gut wie fertig stehen zu haben.

Vegane Fertigprodukte – gesund, oder nicht?

Dass alles in der veganen Ernährungsweise automatisch gesund ist, weil keine Nahrungsmittel tierischen Ursprungs enthalten sind, ist ein Irrglaube. Tatsächlich können auch Veganer sich ungesund ernähren und da immer mehr Menschen die vegane Ernährung für sich erkennen, gibt es immer mehr vegane Produkte auf dem Lebensmittelmarkt. Das ist zum einen ein großer Vorteil, denn nun hast Du noch mehr Auswahl für Deine alltägliche Ernährung. Zum anderen jedoch steigt so auch die Zahl an ungesunden Dingen, die in Deinen Einkaufswagen wandern könnten. Gerade vegane Fertigprodukte versprechen Dir, Dich schnell und hochwertig satt zu machen. Dies ist jedoch in den seltensten Fällen die Wahrheit, denn auch vegane Fertigprodukte müssen ihre Zutaten haltbar machen und enthalten oftmals zu viel Salz und Zucker. Koche also lieber frisch, das schmeckt nicht nur besser, sondern ist auch deutlich gesünder!

Der Vergleich mit dem Trainings-Kumpel

Während Du so langsam schlapp machst und Dein Training am liebsten beenden möchtest, ist Dein Trainings-Buddy noch so richtig dabei und sieht aus, als könne er noch weitere drei Stunden Hanteln jonglieren. Wenn Du Dir das Szenario genauer betrachtest, sieht Dein Freund auch schon deutlich fitter aus als Du und dass, obwohl ihr Eure Muskelaufbau-Reise gleichzeitig begonnen habt und Euch ähnlich ernährt. Wie gemein! Lasse Dir gesagt sein, dass ein solcher Vergleich Dir höchstens schadet und Dich in Deinem Training nicht weiterbringen wird. Gerade, wer in einem Fitnessstudio trainiert, ist umgeben von schönen Menschen, die fitter und stärker sind als man selbst. Das sollte Dich jedoch nicht davon abhalten, weiter am Ball zu bleiben und weiter an Dir und Deinem Körper zu arbeiten, im Gegenteil, es sollte Dich motivieren. Lasse Dich nicht von dem Vergleich mit anderen herunterziehen, denn wie Du am Anfang dieses Buches lesen konntest, ist jeder Körper unterschiedlich und benötigt auch seine individuelle Zeit, um sich zu verändern.

Los geht's!

Nach dem Lesen dieses Buches bis hierhin solltest Du schon fast ein Profi sein, was den Muskelaufbau mit veganer Ernährung angeht – oder Dich zumindest so fühlen. Lasse Dir von niemanden sagen, dass es mit einer veganen Ernährung nicht möglich sein soll, Muskeln aufzubauen und an der eigenen Fitness zu arbeiten, denn hierbei handelt es sich um einen Irrglauben!
Es ist dir möglich, Deine Muskeln zu stärken und ihren Querschnitt zu vergrößern, auch, wenn Du keine tierischen Produkte konsumierst. Auf alle negativen Aussagen solltest Du nun einen guten und belegbaren Konter besitzen, wie zum Beispiel:

- ***„Muskelaufbau geht gar nicht ohne tierische Proteine."*** – Natürlich lassen sich in Nahrungsmitteln tierischen Ursprungs oftmals viele und hochwertige Proteine finden, jedoch gibt es eine Vielzahl an Lebensmitteln, die fast schon platzen mit pflanzlichen Proteinen. Das ist also eine Deiner geringsten Sorgen.
- ***„Die vegane Ernährung führt beim Kraftsport immer zu Mangelerscheinungen."*** – Es stimmt, dass Du durch Deine Ernährungsweise schneller an Mangelerscheinungen leiden könntest als Menschen, die Fleisch konsumieren. Da Du Dich jedoch über die jeweiligen Fehlerquellen informiert hast und auf Dich und Deinen Körper achtest, ist eine eventuelle Mangelernährung eigentlich gar kein Thema in Deinem Alltag.
- ***„Veganer sind schwach."*** – Hier kannst Du einfach einmal Deine Muskeln spielen lassen oder Dein Gegenüber zum Armdrücken herausfordern, schon sollte sich dieses Vorurteil erledigt haben.

Lasse Dir also Dein Vorhaben von niemanden miesmachen oder verbauen. Vergleiche Dich auch nicht mit Deinem Trainings-Kumpel oder dem Menschen, der vor Dir die Hanteln genutzt hat. Achte auf Dich und Deinen Körper und führe diesem die Nährstoffe hinzu, die er für den Aufbau Deiner Muskeln benötigt. Das sollte Dir auch gar nicht schwerfallen, denn mit den vielen abwechslungsreichen Rezepten in diesem Buch ist es Dir ab sofort möglich, bunt und lecker zu kochen und ein großes Sortiment an Rezepten zur Auswahl zu haben, mithilfe derer Deine Muskeln die Proteinmenge bekommen, die sie benötigen. Viel Spaß also beim Training und beim Ausprobieren der vielen leckeren Rezepte!

Frühstück

Apfel Porridge

430kcal | Kohlenhydrate: 57g | Eiweiß: 15g | Fett: 14g

Zubereitungszeit: 15-20 Minuten Portionen: 1

Zutaten:

- 40 g Haferflocken
- 1 Apfel
- Ahornsirup
- 1 EL Cranberries
- 1 EL Mandeln
- 1 TL Zimt
- 1 Prise Salz
- Zimt
- Wasser
- 180 ml Mandelmilch
- 1 EL Zitronensaft

Zubereitung:

1) Den Apfel waschen, vierteln und die Kerne entfernen.
2) ¼ Apfel fein reiben und mit Zitronensaft vermischen. Den Rest vom Apfel in Würfel schneiden und mit 1 EL Ahornsirup, 1 TL Zimt und 1 Prise Salz vermischen.
3) Die Milch und 50 ml Wasser in einem Topf zum Kochen bringen.
4) Den geriebenen Apfel und die Haferflocken unterrühren und bei schwacher Hitze 5-10 Minuten unter Rühren köcheln lassen.
5) Die Mandeln grob hacken und mit den Cranberries zu den Apfelstücken geben.
6) Das Porridge vom Herd nehmen, nach Bedarf noch 1-2 EL Milch unterheben, in eine Schale füllen und den Apfelmix darüber geben.

Amaranth-Müsli mit Cranberrys

175kcal | Fett: 10g | Kohlenhydrate: 16g | Eiweiß: 3g

Zubereitungszeit: 40 Minuten   Portionen: 2

Zutaten:

- 50 g Amaranth
- 10 g Kürbiskerne
- 200 g Cranberrys (frisch)
- 300 g Sojajoghurt (pur)
- Agavendicksaft nach Geschmack

Zubereitung:

1) Der Amarant wird in 250 ml Wasser zum Kochen gebracht und dann bei geringer Hitze circa 30 Minuten lang weichgekocht. Nun durch ein Sieb abgießen und unter kaltem, fließendem Wasser abschrecken. Dann in einer Schüssel zur Seite legen.
2) Die Kürbiskerne in einer Pfanne ohne Öl kurz rösten, bis sie leicht angebräunt sind.
3) Die Beeren verlesen, waschen und mit einem Tuch trockentupfen.
4) Den Amaranth mit dem Joghurt mischen. Nach Geschmack mit dem Agavendicksaft süßen.
5) Die Mischung wird auf zwei Schalen verteilet. Alles mit den Früchten toppen. Mit den gerösteten Kürbiskernen garnieren und das Müsli servieren. Guten Appetit!

Apfel-Nuss-Quark

332kcal | Fett: 12g | Kohlenhydrate:36g | Eiweiß: 20g

Zubereitungszeit: 15 Minuten   Portionen: 2

Zutaten:

- 6 EL Mandelmilch
- 6 EL veganer Quark
- 2 EL Leinöl
- 2 TL Ahornsirup
- 2 Äpfel
- 1 EL Haselnüsse

Zubereitung:

1) Die Äpfel werden zuerst gewaschen, geschält und in Würfel geschnitten. Die Nüsse dann grob hacken.
2) Das Obst, die Milch, den Quark, das Öl, den Honig (oder den Sirup) vermengen und in einen Standmixer geben. Alles pürieren, bis sich schließlich eine cremige Masse ergibt.
3) Den Frühstücksquark in Behälter oder Schüsseln füllen und danach mit den gehackten Nüssen garnieren. Zur Garnitur kann außerdem übriges Obst genommen werden.

Haferbrei mit Birnen

330kcal | Fett: 7g | Kohlenhydrate: 57g | Eiweiß: 8g

Zubereitungszeit: 20 Minuten Portionen: 2

Zutaten:

- 2 Birnen
- 120 g Haferflocken
- 2 Feigen (trocken)
- 4 Datteln (trocken)
- 2 TL Kokosöl
- ½ TL Ingwer (gemahlen)
- 1 Prise Salz
- Wasser
- Kokos Ghee

Zubereitung:

1) Die Birnen als Erstes die Birnen schälen und klein schneiden. Die Datteln gegebenenfalls entkernen und dann zusammen mit den Feigen sehr fein schneiden.
2) In einem Topf wird Ghee erhitzt. Dann Ingwer hinzugeben, etwas anrösten und die Hitze reduzieren.
3) Die Birne in Stücken hinzufügen und im Topf leicht andünsten lassen.
4) Die Haferflocken mit dem Salz in den Topf geben und alles mit Wasser aufgießen, sodass es gerade so bedeckt ist.
5) Ungefähr vier Minuten lang kochen, bis sich schließlich ein cremiger Brei ergeben hat. Bei Bedarf noch warmes Wasser nachgießen. In Schalen anrichten und zum Schluss servieren.

Dinkel-Pfannkuchen mit Nüssen und Avocadocreme

515kcal | Fett: 29g | Kohlenhydrate: 41g | Eiweiß: 22g

Zubereitungszeit: 40 Minuten + 30 Minuten Wartezeit Portionen: 4

Zutaten:

- 250 g Dinkelmehl
- 1 Avocado (reif)
- 500 ml Wasser (warm)
- 2 EL Kokosöl
- 1 Schote Chili (frisch)
- 2 Stiele Koriander (frisch)
- Salz und Pfeffer nach Geschmack

Zubereitung:

1) Den Koriander zuerst waschen, dann die Blätter abtrennen und feinhacken. Die Chilischote waschen, sorgfältig entkernen und ebenfalls feinhacken.
2) Koriander, Chili, Salz und 1 TL Kokosöl werden in einer großen Schüssel zusammen mit dem Mehl vermengt. Dann das Wasser ganz langsam dazugeben und immer wieder rühren. So lange verrühren, bis ein feiner Teig entsteht.
3) Die Schüssel mit einem Tuch bedecken. Den Teig etwa eine halbe Stunde lang ruhen lassen.
4) Anschließend den Teig noch einmal gut durchrühren.
5) Die Avocado aufschneiden, das Fruchtfleisch mit einem Löffel herauskratzen, danach in eine Schüssel geben und leicht mit einer Gabel zerdrücken.
6) Eine Pfanne dann mit so viel Kokosöl erhitzen, dass der Boden gleichmäßig bedeckt ist.
7) 4 EL von dem Teig in die Pfanne geben. Die Pfannkuchen werden von beiden Seiten goldgelb gebacken (etwa 2 Minuten je Seite). Pfannkuchen auf einem Teller anrichten und nun die letzten Schritte wiederholen. Bei Bedarf erneut Kokosöl in die Pfanne geben.
8) Die Pfannkuchen werden mit der Avocadocreme bestrichen. Mit etwas Salz und Pfeffer bestreuen und dann auf flachen Tellern servieren.

Leckere Bananen Pfannkuchen

130kcal | Kohlenhydrate: 23g | Eiweiß: 55g | Fett: 3g

Zubereitungszeit: 15 Minuten Portionen: ca. 7

Zutaten:

- 1 Banane
- 1 ½ TL Backpulver
- 1 TL Ahornsirup
- 3 EL Kakaopulver
- 125 g Dinkelmehl
- 180 ml Sojamilch (Mandelmilch)
- Kokosöl

Zubereitung:

1) Zuerst in einer Rührschüssel das Backpulver, Kakaopulver und das Dinkelmehl miteinander vermischen.
2) Nun die Banane schälen und zerdrücken
3) Die Banane zusammen mit 2 TL Kokosöl, der Sojamilch und dem Ahornsirup in einem Messbecher vermischen.
4) Den Inhalt des Messbechers jetzt zu der Mehl-Mischung geben und verrühren.
5) In einer Pfanne etwas Kokosöl erhitzen und nach Belieben etwas Teig hineingeben. Diese für ungefähr 3 Minuten von jeder Seite Backen.
6) Die fertigen Pfannkuchen können nach Belieben auch mit Früchten garniert werden.

Tofu Rührei

165kcal | Kohlenhydrate: 3g | Eiweiß: 15g | Fett: 0g

Zubereitungszeit: 20 Minuten Portionen: 2

Zutaten:

- ½ Zwiebel
- Etwas pflanzliches Öl
- 200 g Bio Tofu
- 4 Cherrytomaten
- 30 ml vegane Milch
- Gewürze nach Wahl (Salz, Pfeffer, Currypulver, Paprikapulver)
- Schnittlauch
- 2 Scheiben veganes Brot

Zubereitung:

1) Als erstes die Zwiebel schälen, halbieren und eine Hälfte in Würfel schneiden
2) Diese kurz in einer heißen Pfanne mit etwas Öl glasig dünsten
3) Den Tofu in kleine Stücke zerbröseln, zu den Zwiebeln geben und ungefähr 5-10 Minuten goldbraun braten
4) Die Tomaten und die Milch dazu geben, würzen und etwas braten
5) Den Schnittlauch klein hacken und das Gericht damit garnieren und mit dem Brot servieren

Asiatisches Müsli

355kcal | Kohlenhydrate: 30g | Eiweiß: 9g | Fett: 20g

Zubereitungszeit: 10 Minuten **Portionen: 8**

Zutaten:

- 100 g Erdnüsse (gesalzen & geröstet)
- 100 g Kokoschips
- 320 g Müsli nach Wahl
- 1 TL gemahlenen Ingwer
- 50 ml Ahornsirup
- Olivenöl

Zubereitung:

1) Als Erstes eine Pfanne (Backofenfest) mit etwas Öl erhitzen. Darin den Ahornsirup und das Ingwerpulver vermischen.
2) Nun die Erdnüsse, Kokoschips und die Müslimischung in die Pfanne geben und unter Rühren für ca. 5 Minuten anrösten.
3) Den Backofen auf 150°C (Ober- & Unterhitze) vorheizen und Anschließend die Pfanne von der Herdplatte in den Ofen stellen.
4) Nach 25 Minuten herausnehmen und abkühlen lassen.
5) Das fertige Müsli kann in einem geeigneten Behälter aufbewahrt werden.
6) Wer mag kann 100g Cranberries untermischen.

Dunkler Chia Pudding

408kcal | Kohlenhydrate: 43g | Eiweiß: 17g | Fett:15g

Zubereitungszeit: 25 Minuten Portionen: 1

Zutaten:

- 30 g Chia Samen
- 1 Banane
- 2 EL Kakaopulver
- 200 ml Vegane Milch
- Agavendicksaft o.ä.

Zubereitung:

1) Den Tag vorher die Chiasamen mit der Milch, dem Kakaopulver und Süßungsmittel verrühren
2) Eine halbe Banane zerdrücken und dazu geben
3) Die Mischung in den Kühlschrank stellen, ab und zu Rühren und über Nacht ruhen lassen
4) Vor dem Essen die andere Hälfte der Banane in Scheiben schneiden und den Pudding damit garnieren
5) Mit etwas Zimt und Kakao bestreuen und schmecken lassen.

Power Pancakes

453kcal | Kohlenhydrate: 66g | Eiweiß: 31g | Fett: 7g

Zubereitungszeit: 10 Minuten Portionen: 1

Zutaten:

- 90g Haferflocken(gemahlen)
- 30 Proteinpulver (vegan)
- Etwas Salz
- 1 TL Backpulver
- 230 ml Mineralwasser (mit Sprudel)
- Dazu z.B. Blaubeeren, Ahornsirup oder Apfelmus
- Pflanzliches Öl

Zubereitung:

1) Die Haferflocken, das Proteinpulver, Backpulver und eine Prise Salz vermengen
2) Das Wasser unter ständigem Rühren hinzugeben, bis ein zäher aber kein fester Teig entsteht
3) Eine Pfanne mit etwas Öl erhitzen und die Pancakes nacheinander ausbacken
4) Dazu die Lieblingsbeilagen servieren.

Apfel-Pancakes

626kcal | Kohlenhydrate: 96g | Eiweiß: 17g | Fett: 15g

Zubereitungszeit: 15 Minuten Portionen: 2

Zutaten:

- 1 Tasse Dinkel Vollkornmehl
- 1 Tasse Hafermehl
- 2 Esslöffel Kokosblütenzucker
- 1 Teelöffel Backpulver
- etwas Vanillepulver und etwas Zimt
- 1 Tasse Sojamilch
- 1 Tasse Apfelmus
- Kokosöl
- Agavensirup

Zubereitung:

1) Die trockenen Zutaten miteinander vermengen. Danach werden das Apfelmus und die Sojamilch hinzugegeben und gut verrührt. Ein fluffiger Pfannkuchenteig soll entstehen.
2) In einer Pfanne etwas Kokosöl erhitzen und je einen Schöpfer Pfannkuchenteig hinzugeben und auf beiden Seiten goldgelb backen.
3) Mit Agavensirup und etwas Zimt servieren.

Superfood Porridge

453kcal | Kohlenhydrate: 60g | Eiweiß: 20g | Fett: 23g

Zubereitungszeit: 10 Minuten Portionen: 1

Zutaten:

- 30 g Amaranth
- 20 g Chiasamen
- 20 g Leinsamen
- 1 Banane
- 200 ml Wasser
- 2 EL Backkakao
- 5 g Nüsse (z.B. Mandeln)
- 5 g Kokosraspeln
- 100 g Beerenmischung

Zubereitung:

1) Die Chiasamen, Amaranth und Leinsamen in einer Schüssel vermischen.
2) Kochendes Wasser darüber gießen, umrühren und etwas stehen lassen.
3) Die Beeren in einem Topf erwärmen bis es eine dickflüssige Masse ist.
4) Die Banane schälen und in Scheiben schneiden.
5) Eine Hälfte der Schüssel mit dem Porridge, die andere mit den Beeren füllen.
6) Die Bananenscheiben und Nüsse darüber verteilen.

Power Grießbrei mit Beeren

539kcal | Kohlenhydrate: 82g | Eiweiß: 25g | Fett: 9g

Zubereitungszeit: 10 Minuten   Portionen: 1

Zutaten:

- 100 g Dinkelgrieß
- 350 ml Mandelmilch
- 75 g Sojaquark
- 50 g Lieblingsbeeren (Blaubeeren, Goji oder eine Mischung)
- 10 g Vegane Protein Schokoladenstückchen
- etwas Zimt

Zubereitung:

1) die Mandelmilch im Topf zum Kochen bringen.
2) Nun den Dinkelgrieß unterrühren und in Bewegung halten bis eine sämige Masse entsteht.
3) Als nächstes den Quark unterrühren und eine Prise Zimt dazu geben.
4) Mit der Schokolade und den Beeren servieren.

Bananenbrot

170kcal | Kohlenhydrate: 15g | Eiweiß: 4g | Fett: 9g

Zubereitungszeit: 15 Minuten + 50 Minuten Backen   Portionen: 1 Brot

Zutaten:

- 300 g Dinkelmehl
- 80 g Kürbiskernmehl
- 160 g Kürbiskerne
- 60 g Hanfproteinpulver
- 30 g Sesam
- 1 Packung Backpulver
- 1 EL Apfelessig
- Salz
- 500 ml Wasser

Zubereitung:

1) Zuerst das Dinkelvollkornmehl, Kürbiskernmehl, Kürbiskerne, Hanfprotein, Sesam, Salz und Backpulver in einer Schüssel gut miteinander vermischen.
2) Wasser und Apfelessig dazugeben und mit einer Gabel untermischen. Es entsteht ein zäher Brotteig.
3) Den Kürbiskern-Dinkelteig in eine mit Öl ausgestrichene und bemehlte Kastenform geben und glatt streichen.
4) Im vorgeheizten Ofen bei 180 °C (Ober- und Unterhitze) auf der mittleren Schiene ungefähr 55 Minuten backen.
5) Nach Ablauf der Backzeit die Garprobe machen. Dafür einen Holzspieß ins Kürbiskern-Hanf-Proteinbrot stecken. Haftet kein Teig daran, ist das Brot fertig.
6) Vor dem Anschneiden auf einem Rost 20 Minuten abkühlen lassen.

Proteinbrot

119kcal | Kohlenhydrate: 10g | Eiweiß: 7g | Fett: 6g

Zubereitungszeit: 15 Minuten + 60 Minuten Backen
Portionen: 1 Brot

Zutaten:

- 4 Bananen
- 2 EL Kokosöl
- 3 EL Leinsamen
- 60 ml Mandelmilch (Hafermilch, Sojamilch)
- Ein wenig Vanille
- 60 g Pflanzenzucker (z.B. Kokosblütenzucker)
- 50 g Haferflocken
- 1 TL Backpulver
- 1 Prise Salz
- 200 g gemahlene Mandeln oder Dinkelmehl

Zubereitung:

1) Als erstes den Backofen auf 180°C vorheizen (Ober- & Unterhitze), die Brotform mit Öl einreiben (man kann auch Backpapier verwenden) und die Leinsamen kurz in warmen Wasser einweichen.
2) Die Bananen mit einer Gabel fein zerdrücken.
3) Nun die Leinsamen, Kokosöl (geschmolzen), Vanille und die Milch mit den Bananen vermengen.
4) In einer anderen Schüssel den Pflanzenzucker, Haferflocken, Backpulver, gemahlene Mandeln (Dinkelmehl) und eine Prise Salz vermischen.
5) Nun die trockenen Zutaten nach und nach zu der Bananenmischung geben und verkneten.
6) Die Masse in die Backform geben und für 45-55 Minuten im Ofen goldbraun backen (mit einem Zahnstocher oder Holzstäbchen testen ob es fertig ist).
7) 30 Minuten abkühlen lassen und schmecken lassen (im Kühlschrank aufbewahren).

Brotaufstrich vegan (mit Nüssen und Bohnen)

100kcal | Kohlenhydrate: 6g | Eiweiß: 5g | Fett: 5g

Zubereitungszeit: 10 Minuten   Portionen: 2

Zutaten:

- 50 g schwarze Bohnen
- ¼ weiße Zwiebel
- 15 g Nüsse (am besten Walnüsse)
- etwas Olivenöl
- 1 EL roter Traubensaft
- frischer Rosmarin
- Salz, Pfeffer
- ½ TL Sumach

Zubereitung:

1) Die Bohnen aus der Dose nehmen, abspülen und gut abtropfen lassen.
2) Nun wird die Zwiebel geschält und in feine Würfel geschnitten. Auch der Rosmarin wird gewaschen, abgeschüttelt und fein geschnitten bzw. gerupft.
3) In einer Pfanne wird nun ein wenig Olivenöl erhitzt. Die Zwiebelstücke werden zusammen mit den Nüssen angeröstet.
4) Die Hälfte der Zwiebel, Nüsse und die Bohnen werden nun mit dem Rosmarin und dem Traubensaft in ein Behältnis gegeben und mit einem Stabmixer gründlich püriert.
5) Schlussendlich wird der fertige Aufstrich nochmals mit Sumach, Salz und Pfeffer gut gewürzt, umgerührt und in eine Schale gegeben. Die restlichen Nüsse und Zwiebelstücke werden darüber gestreut. Serviert wird der Aufstrich mit frischem Brot.

Porridge mit Hafer, Kokos und Mango

376kcal | Kohlenhydrate: 50g | Eiweiß: 10g | Fett: 15g

Zubereitungszeit: 20 Minuten   Portionen: 2

Zutaten:

- 300 ml Kokosmilch
- 100 g Haferflocken
- 2 TL Ahornsirup
- ½ Mango
- 3 EL Kokoschips
- frische Minze

Zubereitung:

1) Zuerst wird die Kokosmilch in einem Topf erhitzt. Der Ahornsirup und die Haferflocken werden eingerührt und für rund drei Minuten bei mittlerer Hitze aufgekocht. Danach sollte die Mischung etwa fünf Minuten ausquellen.
2) Währenddessen wird die Mango geschält, entsteint und das Fruchtfleisch in kleine Würfel geschnitten.
3) Die Kokoschips werden nun in einer Pfanne bei mittlerer Hitze angebraten. Fett wird dazu nicht benötigt, denn die Chips beinhalten bereits ausreichend Fett.
4) Die Minze wird gewaschen und die feinen Blätter werden abgezupft.
5) Das fertige Porridge wird nun in Schalen geleert und mit den Mangostücken, Kokoschips und der Minze garniert.

Schokopfannkuchen mit himmlischer Hafermilch

604kcal | Kohlenhydrate: 80g | Eiweiß: 20g | Fett: 20g

Zubereitungszeit: 20 Minuten   Portionen: 2

Zutaten:

- 150 g Dinkelmehl
- 2 TL Backpulver (Weinstein)
- etwas Salz
- 10 g Kakaopulver (unbedingt entölt!)
- 10 g Honig
- 200 ml Hafermilch
- 2 TL Sonnenblumenöl
- 1 Banane
- 1 EL Erdnüsse (gesalzen)
- 2 EL Erdnussmus
- 2 EL Schokoladensplitter (vegane Zartbitterschokolade)

Zubereitung:

1) Das Mehl, das Backpulver und die Prise Salz werden miteinander vermengt. Die Hafermilch wird dazugegeben und die Masse wird zu einem homogenen Teig verarbeitet. Sollte der Teig zu fest sein, wird ein Schuss Mineralwasser hinzugefügt.
2) Etwas Sonnenblumenöl in einer Pfanne erhitzen. Wenn die Pfanne heiß ist, wird rund 1 Esslöffel des Teiges in diese gegeben und die Pfannkuchen auf beiden Seiten rund eine Minute goldgelb gebraten.
3) Die Banane wird geschält und in mittlere Scheiben geschnitten. Auch die Erdnüsse werden gehackt.
4) Die fertigen Pfannkuchen werden mit dem Erdnussmus beschmiert und die Bananenstücke darübergelegt. Schlussendlich werden sie mit den Schokoladensplittern bestreut.

Smoothie-Bowl mit Kokos und Vanille

340kcal | Kohlenhydrate: 45g | Eiweiß: 8g | Fett: 15g

Zubereitungszeit: 5 Minuten Portionen: 1

Zutaten:

- 75 g Himbeeren
- 1 reife Banane
- 1 TL Leinsamen geschrotet
- 1 EL Haferflocken zart
- 100 ml Kokosmilch
- etwas Vanille
- frische Minze
- 1 EL Hanfsamen geschält
- ½ EL Kokosraspeln

Zubereitung:

1) Die Himbeeren waschen und zur Seite legen. Die Banane schälen und mit den Himbeeren, der Kokosmilch, den Leinsamen, Haferflocken und der Vanille im Stabmixer pürieren.
2) Die Minze waschen, abtropfen lassen und die Blätter abzupfen.
3) Den fertigen Smoothie in einen Becher füllen und mit den Kokosraspeln, Hanfsamen und der Minze garnieren und genießen.

Köstlicher Porridge mit Buchweizen

400 kcal | Kohlenhydrate: 65g | Eiweiß: 12g | Fett: 10g

Zubereitungszeit: 35 Minuten   Portionen: 2

Zutaten:

- 150 g Buchweizen
- ½ Vanilleschote
- 200 ml Hafermilch
- 2 TL Agavensirup
- 150 g Erdbeeren
- 2 TL Mandelsplitter

Zubereitung:

1) Zuerst wird der Buchweizen über Nacht in kaltem Wasser eingeweicht. Am nächsten Tag wird er abgegossen und danach nochmals mit klarem Wasser abgespült. Rund ⅓ des Buchweizens wird nun zur Seite gestellt.
2) Das Mark der Vanilleschote auskratzen.
3) Die Hafermilch nun mit etwa ⅔ des Buchweizens vermischen und zusammen mit den Erdbeeren pürieren. Das fertige Gemisch mit dem Mark der Vanilleschote und dem Agavensirup vermischen und kurz aufkochen lassen. Regelmäßig umrühren und nach etwa drei Minuten von der Flamme nehmen.
4) Nun wird der restliche Buchweizen eingerührt.
5) Den Porridge in Gläser füllen und mit ein paar Erdbeerstücken und Mandelsplittern garnieren.

Chia-Pudding mit Hafermilch und Beeren

170kcal | Kohlenhydrate: 15g | Eiweiß: 6g | Fett: 9g

Zubereitungszeit: 5 Minuten   Portionen: 2

Zutaten:

- ½ Tasse Chiasamen
- 1 Tasse Hafermilch
- ungefähr 150g Beeren (frisch oder gefroren)
- Sojajoghurt
- 1 TL Ahornsirup
- 2 TL Mandelsplitter

Zubereitung:

1) Die Chiasamen in eine Schale geben und die Hafermilch hinzufügen.
2) Die Schale einfach mit etwas Frischhaltefolie abdecken und über Nacht in den Kühlschrank stellen.
3) Am nächsten Morgen ist der Pudding bereits fest. Die Beeren werden nun mit etwas Joghurt und Ahornsirup vermischt und über den fertigen Pudding gegeben.

Kokospudding mit Himbeeren und Chia

220kcal | Fett: 8g | Kohlenhydrate: 6g | Eiweiß: 3g

Zubereitungszeit: 15 Minuten Portionen: 2

Zutaten:

- 30 g Chiasamen
- 100 ml Kokosmilch
- 125 ml Wasser
- 1 TL natives Kokosöl
- 2 EL Kokosraspel
- 2 EL Reisflocken
- 1 TL Ahornsirup
- 125 g Himbeeren

Zubereitung:

1) Die Chiasamen als Erstes in einer Schüssel mit der Kokosmilch und dem Wasser verrühren und zehn Minuten lang quellen lassen. Dann alles noch einmal durchrühren und die Mischung zugedeckt für zwölf Stunden im Kühlschrank ausquellen lassen.
2) Am nächsten Tag wird das Öl in einer beschichteten Pfanne erwärmt, die Kokosraspel und die Reisflocken darin bei mittlerer Hitze unter Rühren in drei bis vier Minuten goldbraun rösten lassen. Mit dem Sirup beträufeln, alles gut mischen und dann vom Herd nehmen.
3) Die Beeren verlesen, waschen und trockentupfen. Der Chia-Pudding wird aus dem Kühlschrank genommen, danach noch einmal durchrühren.
4) Den Pudding mit der Mischung aus Kokos und Flocken sowie mit den Beeren in Gläser oder Schalen schichten. Die oberste Schicht wird mit den frischen Beeren garniert und sofort serviert.

Zuckerfreie Pfannkuchen

225kcal | Kohlenhydrate: 32g | Eiweiß: 18g | Fett: 2g

Zubereitungszeit: 15 Minuten   Portionen: 2

Zutaten:

- 1 EL Leinmehl
- 200 g Sojamilch
- 60 g Dinkelmehl
- Birkenzucker nach Belieben
- eine Prise Salz
- 2 EL Backpulver
- 100 ml Hafermilch
- einen Schuss Mineralwasser

Zubereitung:

1) Alle trockenen Zutaten werden zuerst in einer Schüssel vermischt.
2) Nun wird die Hafermilch hinzugegeben und alles gut durchgemischt, bis eine sämige Masse entsteht.
3) Einen Schuss Mineralwasser hinzugeben und nochmals durchmixen.
4) In einer Pfanne etwas Sonnenblumenöl erhitzen und die Pfannkuchen darin auf beiden Seiten goldgelb backen. Die Größe der Küchlein kann individuell gewählt werden.
5) Gerne mit frischen Früchten garnieren.

Veganes Frühstück

270kcal | Kohlenhydrate: 23g | Eiweiß: 8g | Fett: 16g

Zubereitungszeit: 15 Minuten Portionen: 1

Zutaten:

- 1 Apfel
- 100g Sojajoghurt
- Birkenzucker
- 3-4 Walnüsse

Zubereitung:

1) Den Apfel waschen und entkernen. Danach wird er in kleine Stücke geschnitten.
2) Nun wird er bei mittlerer Hitze gekocht, bis er zerfällt. Flüssigkeit wird hierfür nicht hinzugegeben. Immer wieder umrühren, damit nichts anbrennt!
3) Das Sojajoghurt in ein Glas geben und mit dem Apfel vermischen.
4) Die Walnüsse zerbrechen und darüber streuen. Bei Bedarf noch mit Birkenzucker süßen.

Exotisches Traumfrühstück

610kcal | Kohlenhydrate: 65g | Eiweiß: 22g | Fett: 23g

Zubereitungszeit: 10 Minuten   Portionen: 2

Zutaten:

- 350 ml Sojajoghurt mit Vanille Geschmack
- 60 g Dinkelflocken
- 1 Kiwi
- 6 entsteinte Datteln
- 1 Mango
- 1 EL Mohn
- 40 g gehobelte Mandeln
- 4 EL gepuffter Amarant
- Etwas Vanilleextrakt

Zubereitung:

1) Zuerst die Mango halbieren, das Fruchtfleisch einschneiden (Würfel) und herausdrücken und von der Schale entfernen. Das restliche Fruchtfleisch vom Kern schneiden und würfeln.
2) Nun die Kiwi schälen und ebenfalls in Würfel schneiden.
3) Den Joghurt auf 2 kleine Schüsseln aufteilen und mit den Früchtewürfeln vermischen.
4) Jetzt noch den Amarant und die Dinkelflocken unterheben.
5) Jeweils mit etwas Mohn und Vanilleextrakt abschmecken.
6) Als Topping die Datteln klein schneiden und mit den Mandeln über den fertigen Joghurt geben.

Granola

297kcal | Kohlenhydrate: 20g | Eiweiß: 10g | Fett: 18g

Zubereitungszeit: 10 Minuten Portionen: 4

Zutaten:

- 8 EL Frühstücksflocken nach Wahl
- 8 EL gemischte Nüsse
- 3 EL Chiasamen
- 6 EL Leinsamen
- 3 EL Buchweizen
- 3 EL Sonnenblumenkerne
- etwas frische Vanille
- 3 EL Ahornsirup
- 2 EL Kokosöl

Zubereitung:

1) Alle Zutaten werden, zusammen mit dem Öl, in eine Schüssel gegeben und umgerührt. Die Masse soll gut zusammenkleben.
2) Nun wird die klebrige Masse auf einem Backblech verteilt und bei 180 Grad goldbraun gebacken.
3) Das fertige Granola frisch genießen oder immer wieder zwischendurch, wenn der kleine Hunger kommt.

Haferflockenbrot

pro 100g / 370kcal | Kohlenhydrate: 63g | Eiweiß: 13g | Fett: 7g

---

Zubereitungszeit: 5 Minuten   Portionen: 1 Brot

Zutaten:

- 2 Tassen Haferflocken
- ½ Tasse Haferkleie
- ½ Tasse Leinsamen
- 1 TL Salz
- 100 g gemahlene Mandeln
- ½ Tasse Wasser

Zubereitung:

1) Den Ofen auf 180 Grad Celsius vorheizen.
2) Die Leinsamen in heißem Wasser für etwa 10 Minuten einweichen.
3) Die trockenen Zutaten in einer Schüssel vermischen und schlussendlich die Leinsamen und das Wasser hinzufügen.
4) Nun wird der Teig geknetet, bis er sämig ist.
5) Das Brot wird nun für etwa 50 bis 60 Minuten gebacken, bis es eine goldgelbe Farbe aufweist.

Knuspermüsli

296kcal | Kohlenhydrate: 28g | Eiweiß: 9g | Fett: 15g

Zubereitungszeit: 20 Minuten   Portionen: 10 bei 50g/Portion

Zutaten:

- 300 g Haferflocken
- 100 g Walnüsse
- 50 g Kürbiskerne
- 25 g Leinsamen
- 25 g Chiasamen
- 3 EL Ahornsirup
- 3 EL Kokosöl
- etwas Kakaopulver
- 2 EL Erdnussmus
- 100 g Rosinen

Zubereitung:

1) Alle Zutaten miteinander vermischen und auf einem Backblech verteilen.
2) Im Ofen bei 180 Gramm für etwa 20 Minuten goldgelb backen.
3) Es passt gut zu Milch, Joghurt, Quark, als Topping oder zum Backen.

Fladenbrot mit Salat & Walnüssen

350kcal | Kohlenhydrate: 25g | Eiweiß: 11g | Fett: 30g

Zubereitungszeit: 15 Minuten   Portionen: 1

Zutaten:

- 50 g Rucola
- 1 Zwiebel
- 50 g Kirschtomaten
- 50 g Salatgurke
- 1 Vollkornfladenbrot (Pita)
- 30 g Walnüsse
- ½ Zitrone
- 1 EL Rapsöl
- Etwas Salz & Pfeffer

Zubereitung:

1) Zunächst die Gurke und Tomaten waschen und klein schneiden.
2) Dann die Zwiebel schälen und in Würfel hacken.
3) Jetzt den Rucola waschen und mit dem Rapsöl, etwas Salz, Pfeffer und den Saft der halben Zitrone vermischen.
4) Jetzt noch die Walnüsse klein hacken.
5) Zum Schluss alle Zutaten in das Fladenbrot geben und mit den gehackten Walnüssen garnieren.

Hauptspeisen

Mac and Cheese

723kcal | Kohlenhydrate: 57g | Eiweiß: 66g | Fett: 22g

Zubereitungszeit: 20 Minuten   Portionen: 2

Zutaten:

- 150g Kartoffeln
- 1 Möhre
- ½ Zwiebel
- 1 Knoblauchzehe
- 70g Cashew Nüsse
- 4 EL Hefeflocken
- 250ml vegane Milch
- Saft einer halben Zitrone
- 200 g Protein Pasta
- 1 Handvoll Semmelbrösel

Zubereitung:

1) Die Kartoffeln und die Möhre schälen, würfeln und in einem Topf mit Wasser kochen.
2) Die Zwiebeln und den Knoblauch schälen, klein schneiden und zusammen mit den Cashews, Hefeflocken, der veganen Milch, Zitronensaft und Gewürzen im Mixer zu einer cremigen Soße pürieren.
3) Das Nudelwasser abgießen und die Nudeln in eine Auflaufform geben.
4) die Soße zu den Nudeln geben und mit den Semmelbröseln bestreuen.
5) Das ganze bei ca. 180°C (Umluft) für 10 Minuten im Ofen goldbraun backen.

Asiatisches Blechgemüse

568kcal | Kohlenhydrate: 52g | Eiweiß: 31g | Fett: 31g

Zubereitungszeit: 50 Minuten Portionen: 2

Zutaten:

- 100 g Räuchertofu
- ½ Brokkoli
- ½ Paprika
- 1 ½ Pak Choi
- 100 g Pilze (Champignons)
- ½ Bund Frühlingszwiebeln
- 50 g Mungobohnensprossen
- Sesamöl
- Sojasauce
- Erdnussbutter
- ½ Limette
- ½ Bund Koriander
- 25 g Erdnüsse
- Pfeffer & Chili

Zubereitung:

1) Den Tofu in Würfel schneiden.
2) Die Möhren schälen und in Scheiben schneiden und den Brokkoli waschen und kleine Röschen abschneiden.
3) Pilze putzen und klein schneiden, die Paprika waschen, entkernen und in Streifen schneiden.
4) Den Pak Choi waschen und die Blätter abschneiden.
5) Die Frühlingszwiebel waschen und in Scheiben schneiden.
6) Die Sprossen waschen.
7) 1 ½ EL Sojasauce und Sesamöl mit der Erdnussbutter leicht erwärmen.
8) De Saft der halben Limette auspressen, zur Erdnussbutter geben und mit Pfeffer und Chili abschmecken (nach Geschmack mit etwas Agavensirup abrunden).
9) Tofu, Brokkoli, Möhren und Paprika mit der Hälfte der Erdnussbuttersauce auf ein tiefes Backblech verteilen und im vorgeheizten Backofen (180°C) für 10 Minuten backen.
10) Das restliche Gemüse und die Sauce dazugeben und weitere 10 Minuten backen lassen.
11) Als letztes die Erdnüsse und den Koriander grob hacken, das Gericht damit garnieren und schmecken lassen.

Veganes Curry

892kcal | Kohlenhydrate: 103g | Eiweiß: 42g | Fett: 26g

Zubereitungszeit: 45 Minuten Portionen: 2

Zutaten:

- 1 Zwiebel
- 1 Knoblauchzehe
- 1 Karotte
- Frischer Ingwer
- 3 EL Kokosöl
- 1 ½ EL Currypaste
- 300 g schwarze Belugalinsen
- 1 Dose geschälte Tomaten
- 1 Dose Kokosmilch
- ½ Liter Gemüsebrühe
- 1 Süßkartoffel
- ½ Bund Koriander
- Limettensaft
- Salz & Pfeffer

Zubereitung:

1) Zwiebeln, Knoblauch und die Karotte schälen und in Würfel schneiden.
2) Ingwer (ungefähr 1 cm) und putzen, schälen und ebenfalls in Würfel schneiden.
3) Einen Topf mit Kokosöl erhitzen und alles andünsten.
4) Nun die Currypaste und Linsen zugeben.
5) Mit den Tomaten, der Kokosmilch und der Hälfte der Brühe ablöschen und unter gelegentlichem Rühren ca. 30 Minuten kochen lassen.
6) Jetzt die Süßkartoffel schälen, in Würfel schneiden und nach 10 Minuten mit in den Topf geben.
7) Das Curry mit Limettensaft, Salz und Pfeffer abschmecken
8) Den Koriander waschen, hacken und das Curry damit garnieren.

Veganer Braten mit Cranberry

496kcal | Kohlenhydrate: 64g | Eiweiß: 19g | Fett: 21g

---

6 Personen/70 Minuten

Zutaten:

- 300g rote Linsen
- 125 g Walnüsse
- 1 Karotte
- 100 g Sellerie
- 1 Apfel
- 2 kleine Zwiebeln
- 3 Zehen Knoblauch
- 1 Scheibe trockenes Brot
- 2 Zweige Thymian
- Olivenöl
- 3 EL gemahlene Leinsamen
- 60 g braunes Mandelmehl
- 100 g Cranberries
- Agavendicksaft
- 1 Bio-Orange
- Salz & Pfeffer

Zubereitung:

1) Die Linsen nach Anweisung kochen, abgießen und grob zerdrücken
2) In einer Pfanne ohne Fett die Walnüsse rösten und auskühlen lassen
3) Die Karotte und Sellerie schälen, den Apfel entkernen und alles reiben
4) Zwiebeln und Knoblauch schälen und in Würfel schneiden
5) Walnüsse fein hacken und die Scheibe Brot würfeln
6) In einer Pfanne das Öl erhitzen, Zwiebeln und Knoblauch kurz andünsten und danach Karotte, Sellerie und Apfel dazugeben und für 6 Minuten braten
7) Jetzt die Linsen, Leinsamen, Walnüsse, Mehl, Brot und gehackte Thymianblätter zugeben
8) Mit Salz, Pfeffer und Oregano würzen
9) Eine Kastenform mit Backpapier auslegen und die Masse hineinfüllen
10) Für 50 Minuten im vorgeheizten Backofen (190°C) backen und danach ungefähr 10 Minuten ruhen lasen
11) In der Zeit die Cranberries waschen, Schale der Orange abreiben und beides mit 125 ml Wasser und etwas Agavendicksaft für 15 Minuten köcheln lassen

Gemüse-Kartoffeln

750kcal | Kohlenhydrate: 107g | Eiweiß: 17g | Fett: 21g

Zubereitungszeit: 25 Minuten Portionen: 2

Zutaten:

- 4 große Kartoffeln
- 4 Karotten
- 2 Stangen Lauch
- 1 Zwiebel
- ½ Tasse Oliven (schwarz und entsteint)
- etwas Olivenöl
- frische Petersilie
- Salz, Pfeffer

Zubereitung:

1) Die Kartoffeln weichkochen und schälen.
2) Die Karotten und die Zwiebel schälen und in feine Stücke bzw. Scheiben schneiden. Auch die Oliven in feine Ringe schneiden. Auch den Lauch waschen und in feine Ringe schneiden.
3) Die Zwiebel in einer Pfanne mit etwas Olivenöl anbraten. Danach die Oliven, die Karotten und den Lauch hinzugeben und ebenfalls kurz anbraten lassen.
4) Die fertigen Kartoffeln leicht zerstampfen und in die Pfanne hinzugeben. Alles kurz noch einmal anbraten lassen und gut mit Salz und Pfeffer würzen.
5) Die Petersilie waschen und hacken und unter die Kartoffeln mischen.

Vegane Semmelknödel

330kcal | Kohlenhydrate: 45g | Eiweiß: 11g | Fett: 10g

Zubereitungszeit: 42 Minuten Portionen: 8

Zutaten:

- 400 g alte Brötchen
- 320 ml Mandel-, Hafer- oder Sojamilch
- 4 EL Sojamehl
- 4 EL Semmelbrösel
- 2 EL Kartoffelstärke
- etwas Salz und Pfeffer
- frische Petersilie
- 1 weiße Zwiebel
- Olivenöl
- gemahlene Muskatnuss

Zubereitung:

1) Das alte Brot in kleine Würfel schneiden und in rund 200 ml Pflanzenmilch einweichen.
2) Die restliche Pflanzenmilch wird mit dem Sojamehl und der Stärke vermengt. Mit Salz, Pfeffer und Muskat gut würzen.
3) Die Petersilie waschen und fein hacken.
4) Die Zwiebel schälen, schneiden und in etwas Olivenöl anbraten. Die Petersilie dazugeben und von der Flamme nehmen.
5) Alle Zutaten miteinander vermischen und zu einem Teig verkneten. Knödel formen.
6) In einem Topf wird nun Salzwasser erhitzt. Die Knödel darin rund 20 Minuten kochen lassen. Wenn sie an der Oberfläche schwimmen sind sie fertig.

Vegane Klößchen

853kcal | Kohlenhydrate: 80g | Eiweiß: 59g | Fett: 22g

Zubereitungszeit: 15 Minuten Portionen: 3

Zutaten:

- 50 g Haferflocken
- 50 g Protein-Flakes
- 2 EL Tomatenmark
- 2 Knoblauchzehen
- 1 Dose Kidneybohnen
- 1 Zwiebel
- Pfeffer & Salz
- Basilikum / Oregano
- Olivenöl

Zubereitung:

1) Den Knoblauch und die Zwiebel schälen.
2) Die Zwiebel etwas klein schneiden.
3) Alle Zutaten (ohne Olivenöl) pürieren, würzen und rund 14 Klößchen formen.
4) Brate die Klößchen im Olivenöl knusprig.

Veganer Feta

709kcal | Kohlenhydrate: 8g | Eiweiß: 32g | Fett: 58g

Zubereitungszeit: 50 Minuten + 24 Stunden Wartezeit   Portionen: 2

Zutaten:

- 220 g Mandeln
- 390 ml Wasser
- 4 EL Hefeflocken
- 1 ½ EL Zitronensaft
- 1 Knoblauchzehe
- Salz, Pfeffer

Zubereitung:

1) Die Mandeln werden für etwa 2 Stunden in einem Topf mit heißem Wasser eingeweicht. Danach werden sie geschält.
2) Mit dem Wasser werden sie nun in einem Mixer püriert.
3) Die Knoblauchzehe schälen und fein hacken. Zusammen mit den Hefeflocken und dem Zitronensaft zur Mandelmasse geben. Alles nochmals gut durchmixen und mit Salz und Pfeffer würzen.
4) Die Masse nun in ein Käsetuch füllen und zubinden. Platziert wird das Tuch nun über einem Sieb in dem Abwasch. Über Nacht sollte die Masse nun abtropfen können.
5) Den Backofen am nächsten Tag auf 160 Gramm Celsius vorheizen.
6) Das Tuch öffnen und den Inhalt zu einem Käselaib formen. Den Laib auf ein Backblech mit Backpapier legen und für etwa 20 Minuten backen. Danach mit einem Zahnstocher mehrmals einstechen und für weitere 30 Minuten backen.
7) Der fertige Feta kann im Kühlschrank aufbewahrt werden.

Zucchini-Nudeln

290kcal | Kohlenhydrate: 19g | Eiweiß: 12g | Fett: 16g

Zubereitungszeit: 20 Minuten   Portionen: 2

Zutaten:

- 3 große Zucchini
- 2 weiße Zwiebel
- Olivenöl
- Salz, Pfeffer
- Muskatnuss
- 2 Tomaten
- 1 Chili

Zubereitung:

1) Die Zucchini waschen und mit einem Spiralschneider bearbeiten, sodass Spiralen entstehen.
2) Die Zwiebel schälen und in feine Stücke schneiden. Die Tomaten waschen und ebenfalls in kleine Stücke schneiden.
3) Die Zwiebel in einer Pfanne mit heißem Öl goldgelb anbraten und die Tomaten hinzugeben. Die Chili waschen und in feine Ringe schneiden. Ebenfalls zu der Zwiebel hinzugeben und kurz anbraten lassen.
4) Nun werden auch die Zucchini hinzugegeben und goldgelb angebraten.
5) Alles mit Salz, Pfeffer und Muskat abschmecken.

Bohnen-Püree mit Ofengemüse

920kcal | Kohlenhydrate: 86g | Eiweiß: 54g | Fett: 25g

Zubereitungszeit: 1 Stunde Portionen: 2

Zutaten:

- 400 g Kidneybohnen (aus der Dose)
- 1 Knoblauchzehe
- 400 g weiße Bohnen (aus der Dose)
- 150 g Sojajoghurt
- 1 EL Olivenöl
- 2 EL Zitronensaft
- Salz, Pfeffer
- frischer Thymian und Oregano

Für das Ofengemüse:

- 2 Zucchini
- 2 Paprikaschoten
- ½ Aubergine
- 2 große Fleischtomaten
- 3 EL Kokosöl
- Salz, Pfeffer
- frischer Rosmarin

Zubereitung:

1) Zuerst werden die Zutaten für das Ofengemüse gewaschen und in kleine Stücke geschnitten. Zusammen mit Salz, Pfeffer, Kokosöl und dem frischen Rosmarin kommt das Gemüse bei 200 Grad Celsius für etwa eine Stunde in den Ofen.
2) Währenddessen wird die Knoblauchzehe geschält und gepresst. Zusammen mit den restlichen Zutaten wird alles in einem Stabmixer püriert und mit Salz, Pfeffer und den Gewürzen abgeschmeckt.
3) Das fertige Ofengemüse wird zusammen mit dem Püree serviert.

Thai-Gemüse

800kcal | Kohlenhydrate: 120g | Eiweiß: 34g | Fett: 15g

Zubereitungszeit: 1 Stunde Portionen: 2

Zutaten:

- 1 Packung Tempeh
- ein paar frische Frühlingszwiebel
- 1 bis 2 EL scharfe Currypaste (rot)
- 1 TL Koriandersamen
- ½ TL Kardamom
- rund 200 g Glasnudeln
- 1 reife Mango
- 1 rote Paprika
- 250 g Erbsen
- 1 EL Kokosöl
- 1 EL Erdnussmus
- 200 ml Kokosmilch
- Salz, Pfeffer
- frischer Koriander

Zubereitung:

1) Tempeh in dünne Scheiben schneiden und in einer Pfanne mit etwas Kokosöl anbraten. Er sollte auf beiden Seiten knusprig sein. Mit Salz und Pfeffer würzen und zur Seite stellen.
2) Die Frühlingszwiebel in kleine Ringe schneiden und mit dem Kardamom, den Koriandersamen und der Currypaste in einer Pfanne mit etwas Kokosöl anbraten.
3) Die Glasnudeln in einem Topf mit heißem Wasser kochen, bis sie gar sind.
4) Die Paprika in kleine Stücke schneiden und in die Pfanne hinzugeben. Das Erdnussmus ebenfalls unterrühren.
5) Die Kokosmilch hinzufügen und mit Salz und Pfeffer würzen. Alles für etwa 15 Minuten aufkochen.
6) Die Mango schälen, entkernen und in kleine Stücke schneiden. Danach werden die Stücke hinzugefügt und alles zusammen mit den Glasnudeln angerichtet. Das fertige Tempeh wird darübergelegt.

Indisches Curry mit Spinat

325kcal | Kohlenhydrate: 11g | Eiweiß: 24g | Fett: 18g

Zubereitungszeit: 45 Minuten   Portionen: 2

Zutaten:

- 1 Knoblauchzehe
- 1 weiße Zwiebel
- 1 EL Kokosöl
- 400 g Tiefkühl-Spinat
- 200 g Tofu (Natur)
- 2 EL Erdnussmus
- 1 EL Dinkelmehl
- Salz, Pfeffer
- 1 TL Masala
- Kümmel, Koriander, Kardamom
- 1 TL Curry
- 1 Chilischote

Zubereitung:

1) Die Zwiebel und den Knoblauch Schälen und in kleine Stücke schneiden. Auch den Tofu in feine Streifen schneiden und zusammen mit Zwiebel und dem Knoblauch mit etwas Kokosöl in einer Pfanne anbraten.
2) Spinat dazugeben und in der Pfanne auftauen lassen.
3) Das Dinkelmehl und das Mandelmehl in etwas Wasser einrühren. Die Mischung hinzufügen und ein paar Minuten aufkochen lassen.
4) Nun werden die restlichen Gewürze hinzugefügt und alles mit Salz und Pfeffer abgeschmeckt.

Auberginen-Gulasch

360kcal | Kohlenhydrate: 63g| Eiweiß: 15g | Fett: 3g

Zubereitungszeit: 1 Stunde Portionen: 2

Zutaten:

- 200 g geschälte Tomaten aus der Dose
- 1 mittelgroße Paprika
- ½ Aubergine
- 1 Zwiebel
- 1 EL Tomatenmark
- 1 ½ EL Mehl
- 100 ml Wasser
- Salz, Pfeffer
- 120 g Vollkornnudeln

Zubereitung:

1) Die Zwiebel in kleine Würfel schneiden und in etwas Sonnenblumenöl anbraten.
2) Die Paprika und die Aubergine waschen und in kleine Stücke schneiden.
3) Zusammen mit den Tomaten in die Pfanne dazugeben und aufkochen lassen.
4) Die Mischung mit dem Wasser aufgießen und mit Salz und Pfeffer würzen. Alles bei kleiner Flamme weichkochen.
5) Das Tomatenmark und das Mehl hinzufügen und kräftig umrühren. Nochmals kurz aufkochen und vom Herd nehmen.
6) Währenddessen die Nudeln kochen und anschließend zum fertigen Gulasch servieren.

Tofu mit Kürbis-Curry

470 kcal | Kohlenhydrate: 25 g | Eiweiß: 30 g | Fett: 30 g

Zubereitungszeit: 40 Minuten Portionen: 2

Zutaten:

- 250 g Tofu
- 300 g Butterkürbis
- 200 g Brokkoli
- 1 EL Sonnenblumenöl
- ein paar Frühlingszwiebel
- 1 cm Ingwer
- 2 EL grüne Jalapenos
- 1 Knoblauchzehe
- 1 weiße Zwiebel
- 120 ml Kokosmilch
- 60 ml Gemüsebrühe
- 1 TL Kurkuma
- 2 TL brauner Zucker
- frisches Basilikum

Zubereitung:

1) Den Tofu in feine Stücke schneiden und auf beiden Seiten salzen und pfeffern. Danach wird er ohne Öl in einer Pfanne goldgelb auf beiden Seiten gebraten.
2) Den Kürbis schälen und in kleine Stücke schneiden. Im Kochtopf wird er einige Minuten gegart, bis er weich ist. Ebenso der Brokkoli.
3) Zwiebel und Knoblauch schälen, in kleine Stücke schneiden und in einer Pfanne (oder im Wok) mit etwas Kokosöl anbraten. Die Jalapenos hinzufügen und mit Kokosmilch und Gemüsebrühe aufgießen. Den braunen Zucker und den Kurkuma hinzufügen und alles aufkochen lassen. Auch den Ingwer hinzufügen. Dieser wird zuvor fein gerieben.
4) Das fertige Gemüse in feine Stücke schneiden und hinzufügen. Nochmals ein paar Minuten mitkochen lassen und auf Tellern anrichten.
5) Den fertigen Tofu darüberlegen, mit frischem Basilikum garnieren und genießen.

Erdnuss-Reis mit Brokkoli

247kcal | Kohlenhydrate: 33g | Eiweiß: 14g | Fett: 4g

Zubereitungszeit: 20 Minuten Portionen: 2

Zutaten:

- 75 g Naturreis
- 1 Brokkoli
- 1 EL Erdnussmus
- 125 ml Gemüsebrühe
- Salz, Pfeffer

Zubereitung:

1) Den Naturreis abwaschen und in einen Topf mit der doppelten Menge Gemüsebrühe geben.
2) Den Brokkoli waschen und die Röschen abzupfen und in kleinere Stücke schneiden oder rupfen. Danach den Reis hinzufügen.
3) Auch das Erdnussmus wird nun hinzugefügt. Danach den Reis kochen, bis er weich ist.
4) Den fertigen Reis nochmals mit Salz und Pfeffer abschmecken und bei Bedarf in einer Pfanne etwas anrösten, bevor er genossen wird.

Indisches Curry

395kcal | Kohlenhydrate: 52g | Eiweiß: 28g | Fett: 4g

Zubereitungszeit: 30 Minuten Portionen: 2

Zutaten:

- ½ Tasse Linsen
- ¼ Blumenkohl
- ½ Stange Porree
- 1 Karotte
- 1 Tomate
- 1/ Chilischote
- 200 ml Gemüsebrühe
- 1 EL Kokosmilch
- 1 TL Kurkuma
- Salz, Pfeffer

Zubereitung:

1) Das Gemüse waschen und in feine Stücke schneiden.
2) Alles in einen Topf geben und mit der Gemüsebrühe und der Kokosmilch aufkochen. Die Linsen hinzufügen.
3) Salz, Pfeffer und Kurkuma hinzugeben und die Chilischote bei Bedarf in feine Ringe schneiden und ebenfalls hinzufügen.
4) Bei mittlerer Hitze kochen lassen, bis das Gemüse weich ist und genießen.

Soja-Schnetzel

272kcal | Kohlenhydrate: 23g | Eiweiß: 24g | Fett: 7g

Zubereitungszeit: 40 Minuten Portionen: 2

Zutaten:

- 75 g Sojaschnetzel
- 220 ml Gemüsebrühe
- 2 EL Tomatenmark
- 2 TL Olivenöl
- 1 Zwiebel
- 1 Karotte
- 1 Zucchini
- 250 g Tomaten aus der Dose (passiert)
- Salz, Pfeffer
- Weißbrot als Beilage

Dip:

- 150 g Sojajoghurt
- 2 EL scharfer Senf
- Salz, Pfeffer

Zubereitung:

1) Das Sojaschnetzel mit der Gemüsebrühe und dem Tomatenmark aufkochen. Einige Minuten lang bei geschlossenem Deckel ziehen lassen, damit die restliche Flüssigkeit aufgenommen werden kann.
2) Die Zwiebel schälen und in feine Stücke schneiden. Mit etwas Öl in einer Pfanne anbraten und die Tomaten hinzufügen.
3) Die Karotte schälen, die Zucchini waschen und beides in kleine Stücke schneiden. Danach ebenfalls der Pfanne hinzugeben und aufkochen lassen. Mit Salz und Pfeffer würzen.
4) Das Sojaschnetzel hinzufügen, alles gut umrühren und vom Herd nehmen.
5) Für den Dip, den Joghurt mit dem Senf vermischen und gut mit Salz und Pfeffer würzen. Den Dip zusammen mit dem Weißbrot zum Schnetzel servieren.

Gefüllte Paprika mit Tofu

370 kcal | Kohlenhydrate: 20 g | Eiweiß: 25 g | Fett: 20 g

Zubereitungszeit: 30 Minuten   Portionen: 2

Zutaten:

- 50 g Sojaschnetzel
- 150 ml Gemüsebrühe
- 2 große Paprika
- 1 Zwiebel
- 40 g Lauch
- 3 EL Sonnenblumenöl
- 20 g Haselnüsse
- Salz, Pfeffer

Zubereitung:

1) Das Sojaschnetzel wird in heißer Gemüsebrühe eingeweicht. Rund 10 Minuten sollte alles quellen.
2) Die Paprika waschen und den Deckel abschneiden und die Schote aushöhlen.
3) Zwiebel schälen und fein hacken. Den Lauch waschen und in feine Ringe schneiden.
4) Das Sojaschnetzel ausdrücken und in einer Pfanne zusammen mit der Zwiebel und etwas Öl anbraten. Mit Salz und Pfeffer würzen, die Haselnüsse hacken und ebenfalls hinzufügen.
5) Das Schnetzel in die Paprika füllen und den Deckel der Paprika wieder mit Zahnstocher fixieren.
6) Die Paprika in einen Topf geben, die restliche Füllung wird drumherum gegen und mit Wasser aufgießen, sodass der gesamte Boden bedeckt ist.
7) Die Paprika werden nun etwa 15 Minuten bei geschlossenem Deckel gegart.

Mangold-Roulade

660kcal | Kohlenhydrate: 60g | Eiweiß: 10g | Fett: 40g

Zubereitungszeit: 40 Minuten   Portionen: 2

Zutaten:

- 100 g Quinoa
- 1 Zwiebel
- 40 g Haselnüsse geröstet
- 30 g Maulbeeren
- 1 cm Ingwer
- Olivenöl
- etwas Safran
- 2 EL Cashewmus
- 100 g rote Bete (frisch)
- frische Minze
- 4 große Mangoldblätter
- frische Kresse

Zubereitung:

1) Das Quinoa in etwa 350 ml Wasser mit etwas Salz kochen lassen. Nach etwa 15 Minuten ist das Quinoa fertig.
2) Zwiebel schälen. Die Zwiebel, die Haselnüsse und die Maulbeeren fein hacken.
3) Den Ingwer schälen und danach fein reiben.
4) In einer Pfanne etwas Öl erhitzen und die Zwiebel, die Haselnüsse, die Beeren den Ingwer und den Safran etwas anrösten.
5) Das Cashewmus hinzufügen und mit Salz und Pfeffer abschmecken. Mit dem fertigen Quinoa vermengen.
6) Rote Bete schälen und fein raspeln. Die frische Minze fein hacken und hinzufügen. In einem Topf mit rund 200 ml Wasser wird die rote Bete nun etwa fünf Minuten aufgekocht. Zusammen mit der Minze fein pürieren und mit Salz und Pfeffer abschmecken.
7) Die Mangoldblätter waschen und den harten Teil des Mangold-Strunks entfernen. In die Mitte des Blattes wird je einen Esslöffel des fertigen Quinoas gegeben. Das Blatt wird überschlagen und eingerollt.
8) Mit etwas Öl werden die Rouladen bei mittlerer Hitze auf beiden Seiten für rund 3 Minuten angebraten. Zusammen mit dem Rote-Bete-Schaum werden sie angerichtet. Die restliche Quinoa-Mischung dazugeben. Die frische Kresse darüberstreuen.

Linsenburger

450kcal | Kohlenhydrate: 70g | Eiweiß: 21g | Fett: 8g

Zubereitungszeit: 30 Minuten Portionen: 5

Zutaten:

- 5 Burger-Brötchen
- 200 g Linsen
- ½ Paprika (rot)
- ½ Zwiebel (rot)
- 1 Knoblauchzehe
- gehackte Petersilie (1 Tasse)
- 100 g Semmelbrösel
- 30 ml Zitronensaft
- Tomaten, Salat und rote Zwiebel
- Salz, Pfeffer
- 80 g Tahini
- 1 Tasse heißes Wasser
- Saft einer Zitrone

Zubereitung:

1) Tahini mit heißem Wasser und der Zitrone vermischen und mit Salz und Pfeffer abschmecken. Danach in den Kühlschrank geben.
2) Die Linsen werden nun zusammen mit dem Zitronensaft, Zwiebel, Petersilie, Salz, Pfeffer und Knoblauch in eine Küchenmaschine gegeben und gemixt.
3) Die Semmelbrösel werden danach dazugegeben und alles gut unterrührt.
4) Nun wird die fertige Mischung in fünf gleichgroße Teile unterteilt und zu kleinen Burgern geformt. Etwas Öl in einer Pfanne erhitzen und die Burger darin auf beiden Seiten braten.
5) Die Burger nun in Burger-Brötchen legen und mit Salat, Tomaten und Zwiebeln garnieren. Die fertige Tahini-Sauce darüber geben und anrichten.

Himmlisches Pilzragout

400kcal | Kohlenhydrate: 10g | Eiweiß: 20g | Fett: 30g

Zubereitungszeit: 25 Minuten Portionen: 2

Zutaten:

- 500 g Pilze gemischt
- 1 Karotte
- 1 Zwiebel
- 1 Knoblauchzehe
- etwas Olivenöl
- frischer Majoran
- 200 ml Sojacreme
- Salz, Pfeffer
- gemahlener Kümmel
- ½ Zitrone
- 300 g Brokkoli

Zubereitung:

1) Die Pilze waschen, putzen und halbieren. Knoblauch, Zwiebel, Karotte schälen und in kleine Stücke schneiden. Den Majoran waschen und die Blätter vorsichtig abzupfen.
2) In einer Pfanne etwas Öl erhitzen und das Gemüse darin anrösten. Mit den Gewürzen abschmecken und mit der Sojacreme ablöschen. Den Zitronensaft hinzufügen und alles gut aufkochen lassen.
3) In der Zwischenzeit den Brokkoli waschen und die Röschen in Salzwasser kochen.
4) Das fertige Ragout mit dem fertigen Brokkoli auf Tellern anrichten und gegebenenfalls nochmals mit Salz und Pfeffer würzen.

Spinat-Püree mit Kichererbsen

670kcal | Kohlenhydrate: 75g | Eiweiß: 20g | Fett: 30g

Zubereitungszeit: 35 Minuten Portionen: 2

Zutaten:

- 600 g Kartoffeln
- ½ Zwiebel
- 150 g Champignons
- Olivenöl
- Salz, Pfeffer
- 100 g Babyspinat
- 200 g Kichererbsen aus der Dose
- 200 ml Hafermilch
- gemahlener Kümmel
- 2 EL vegane Margarine

Zubereitung:

1) Die Kartoffeln schälen und in Stücke schneiden. In Salzwasser etwa 20 Minuten lang kochen, bis sie weich sind.
2) Die Zwiebel schälen und in Ringe schneiden. Die Champignons ebenfalls waschen, putzen und in Scheiben schneiden. Zusammen mit der Zwiebel in einer Pfanne anbraten und mit Salz und Pfeffer abschmecken.
3) Den Spinat waschen und abtropfen lassen.
4) Auch die Kichererbsen waschen und abtropfen lassen und danach zu den Champignons dazugeben und nochmals mit etwas Olivenöl angebraten. Mit Kümmel würzen und gut durchrühren.
5) Die fertigen Kartoffeln mit der Hafermilch und der Margarine sowie Salz und Pfeffer vermengen und zu Püree stampfen. Den Spinat dazugeben und unterheben, bis er in sich zusammenfällt.
6) Das Püree mit den Pilzen und den Kichererbsen anrichten.

Frikassee

580kcal | Kohlenhydrate: 90g | Eiweiß: 15g | Fett: 20g

Zubereitungszeit: 45 Minuten Portionen: 2

Zutaten:

- 125 g Naturreis
- 125 g Erbsen (tiefgekühlt)
- 200 g Jackfruit aus der Dose
- 100 g Champignons
- 1 Karotte
- Salz, Pfeffer
- Rapsöl
- 12 g Dinkelvollkornmehl
- 200 ml Gemüsebrühe
- 125 ml Sojacreme
- ½ Zitrone (Schale und Saft)
- Muskatnuss

Zubereitung:

1) Naturreis nach Angabe kochen und in den letzten fünf Minuten die Erbsen unterheben.
2) Jackfruitstücke waschen, abtropfen lassen und in kleine Stücke schneiden.
3) Zwiebel schälen und in Stücke schneiden, Champignons putzen und in feine Scheiben schneiden und die Karotte ebenfalls schälen und in feine Streifen oder Scheiben schneiden.
4) Etwas Öl in einem Topf erhitzen und die Zwiebel, die Karotte und die Champignons darin anbraten. Mit Salz und Pfeffer würzen.
5) Die Jackfruitstücke dazugeben und ein paar Minuten andünsten.
6) Mit Mehl bestäuben und mit der Gemüsebrühe aufgießen und aufkochen lassen. Für etwa 10 Minuten kochen lassen.
7) Die Sojacreme unterrühren und nochmals mit Salz und Pfeffer sowie Muskatnuss würzen. Auch den Saft und die Schale der Zitrone dazugeben.
8) Zusammen mit dem Reis anrichten.

Süßliche Konjak-Pasta

400kcal | Kohlenhydrate: 10g | Eiweiß: 10g | Fett: 35g

Zubereitungszeit: 45 Minuten Portionen: 2

Zutaten:

- 1 Zitrone
- 2 Karotten
- 1 Knoblauchzehe
- 1 Chilischote
- 3 Stangen Sellerie
- 100 ml Gemüsebrühe
- 200 ml Sojacreme
- 2 EL Pinienkerne
- 5 Erdbeeren
- etwas Petersilie
- Salz, Pfeffer
- 400 g Konjaknudeln

Zubereitung:

1) Die Zitrone heiß abwaschen, die Schale abreiben und den Saft auspressen.
2) Den Knoblauch schälen und in kleine Stücke schneiden. Ebenso die Karotten und den Sellerie waschen und in kleine Stücke schneiden. Auch die Chilischote waschen und in kleine Ringe schneiden.
3) Öl in einer Pfanne erhitzen und das Gemüse darin goldgelb anbraten. Mit Gemüsebrühe ablöschen, die Sojacreme dazugeben und alles für rund fünf Minuten aufkochen lassen.
4) Die Pinienkerne in einer Pfanne ohne Fett anrösten und die Erdbeeren waschen und würfeln. Auch die Petersilie waschen und hacken.
5) Die Nudeln abwaschen und in kochendem Wasser etwa zwei Minuten lang kochen.
6) Mit der fertigen Sauce vermischen und die Erdbeerstücke und Pinienkerne unterheben. Alles mit Pinienkernen bestreuen und nochmals mit Salz und Pfeffer würzen.

Karotten-Auberginen-Risotto

520kcal | Kohlenhydrate: 55g | Eiweiß: 10g | Fett: 30g

Zubereitungszeit: 45 Minuten Portionen: 2

Zutaten:

- 1 Knoblauchzehe
- 2 Karotten
- frischer Rosmarin
- Olivenöl
- 100 g Risottoreis
- 500 ml Gemüsebrühe
- 3 EL Sojacreme
- 1 TL Zitronensaft
- 1 Aubergine
- Salz, Pfeffer
- 1 TL Dinkelmehl
- 100 ml Hafermilch
- 1 EL Pesto

Zubereitung:

1) Den Knoblauch und die Karotten schälen und in kleine Stücke schneiden. Den Rosmarin waschen und hacken.
2) Alles in einen Topf geben und in etwas Öl kurz anrösten. Danach den Reis dazugeben und ebenfalls für rund eine Minute mitrösten.
3) Nun wird der Reis mit der Gemüsebrühe abgelöscht und die Sojacreme sowie der Zitronensaft hinzugegeben. Alles aufkochen lassen.
4) Die Aubergine waschen und in kleine Stücke schneiden. In einer Pfanne mit etwas Öl anbraten und ebenfalls mit Salz und Pfeffer würzen.
5) Das Dinkelmehl hinzufügen und gut unterheben. Mit Hafermilch aufgießen und zum Kochen bringen. Das Pesto einrühren und wenn die Mischung sämig ist, über den fertigen Reis geben und alles gut unterheben.

Risotto mit weißen Bohnen

650kcal | Kohlenhydrate: 103g | Eiweiß: 26g | Fett: 10g

Zubereitungszeit: 20 Minuten Portionen: 2

Zutaten:

- 200 g Risotto-Reis
- 330 g weiße Bohnen
- 1 Zwiebel
- 1 Knoblauchzehe
- 8 Cocktailtomaten
- eine Handvoll getrocknete Tomaten
- 500 ml Gemüsebrühe
- 1 EL Tomatenmark
- etwas frische Petersilie
- Salz, Pfeffer und Paprikapulver
- 1 EL Öl

Zubereitung:

1) Zwiebeln schälen, Knoblauch abziehen und beides würfeln. Cocktailtomaten waschen und halbieren.
2) Etwas Öl im Topf erhitzen. Reis, Zwiebeln und den Knoblauch kurz anschwitzen.
3) Die getrockneten Tomaten dazugeben und mit der Brühe ablöschen. Bei niedriger Hitze 10 Minuten garen lassen.
4) Jetzt das Tomatenmark, die Petersilie und die Bohnen (mit Flüssigkeit) hineingeben. Gut umrühren, mit Salz, Pfeffer und Paprikapulver abschmecken und noch 3 Minuten unter Rühren köcheln lassen.

Weizenpfanne

360kcal | Kohlenhydrate: 50g | Eiweiß: 10g | Fett: 10g

Zubereitungszeit: 5 Minuten Portionen: 2

Zutaten:

- 125 g Zartweizen
- 300 ml Gemüsebrühe
- 2 Karotten
- 1 Zwiebel
- 1 Zucchini
- etwas Knoblauch
- ½ Zitrone
- Olivenöl
- Thymian, Petersilie
- Salz, Pfeffer

Zubereitung:

1) Den Weizen in der Gemüsebrühe nach Angabe kochen.
2) Die Karotten, Knoblauch und Zwiebel schälen und in kleine Würfel schneiden. Auch die Zucchini waschen und raspeln.
3) Die Zitrone heiß abwaschen und die Schale abreiben. Den Rest der Zitrone auspressen.
4) Die Kräuter waschen und fein hacken.
5) Etwas Olivenöl in einer Pfanne erhitzen und das Gemüse darin anbraten. Die Kräuter dazugeben und mit Salz und Pfeffer würzen.
6) Den fertigen Weizen unterheben, den Zitronensaft dazugeben, gut durchrühren und nochmals abschmecken.

Veganes Grillgemüse

230kcal | Kohlenhydrate: 19g | Eiweiß: 8g | Fett: 11g

Zubereitungszeit: 15 Minuten Portionen: 2

Zutaten:

- 1 Zwiebel
- 1 Zucchini
- ½ Aubergine
- 2 Tomaten
- 1 Paprika
- etwas Olivenöl
- 50 ml vegane Sahne
- Salz, Pfeffer
- Thymian

Zubereitung:

1) Das Gemüse gut waschen und in kleine Stücke schneiden.
2) In einer Pfanne etwas Olivenöl geben und die Zwiebel darin anbraten. Nach ein paar Minuten wird das restliche Gemüse dazugegeben und ebenfalls ein paar Minuten angebraten.
3) Das Backrohr auf 180 Grad Celsius vorheizen.
4) Die vegane Sahne unter das Gemüse mischen und alles mit Salz und Pfeffer abschmecken. Auch etwas Thymian dazugeben.
5) Alles in das Rohr geben und etwa 15 Minuten kochen lassen, bis das Gemüse weich ist.

Linsen-Eintopf mit Gemüse

600 kcal | Kohlenhydrate: 75g | Eiweiß: 20g | Fett: 20g

Zubereitungszeit: 25 Minuten Portionen: 2

Zutaten:

- 5 g frischer Ingwer
- 1 Karotte
- 1 Süßkartoffel
- 100 g Sellerie (Knollensellerie)
- 80 g rote Linsen
- etwas Olivenöl
- 1 TL Harissa
- ½ TL Currypulver
- 1 EL Tomatenmark
- 600 ml Gemüsebrühe
- 4 EL Kokosmilch
- Salz, Pfeffer
- Sonnenblumenkerne
- 120 g Tiefkühlerbsen
- 2 bis 3 Frühlingszwiebel

Zubereitung:

1) Den Ingwer und die Karotte schälen und danach hacken.
2) Den Sellerie und die Süßkartoffel ebenfalls schälen und gut putzen. Danach in kleine Stück schneiden.
3) In einer Pfanne etwas Öl erhitzen und das Gemüse darin anrösten.
4) Die Linsen, Curry, Harissa und Tomatenmark dazugeben und kurz andünsten.
5) Alles mit der Gemüsebrühe aufgießen und mit Salz und Pfeffer würzen. Rund 15 Minuten kochen lassen und die Kokosmilch unterrühren.
6) Die Frühlingszwiebel waschen und in kleine Ringe schneiden. In einer anderen Pfanne nochmals Öl erhitzen und die Zwiebel mit den Erbsen und den Sonnenblumenkernen anrösten.
7) Den Eintopf in Schalen geben und die Erbsen-Zwiebel-Sonnenblumen-Mischung darüber geben. Wer möchte, kann nochmals einen Teelöffel Kokosmilch dazugeben.

Kartoffelsuppe

180kcal | Kohlenhydrate: 22g | Eiweiß: 4g | Fett: 7g

Zubereitungszeit: 35 Minuten   Portionen: 2

Zutaten:

- 4 große Kartoffel
- 1 Zwiebel
- 400 ml Gemüsebrühe
- Salz, Pfeffer, Muskat
- etwas Kurkuma
- etwas Ingwer
- Sonnenblumenöl

Zubereitung:

1) Die Kartoffeln schälen und in kleine Stücke schneiden. Die Zwiebel ebenfalls schälen und fein hacken.
2) Die Zwiebel in einem Topf mit etwas Sonnenblumenöl anbraten und mit der Gemüsebrühe ablöschen.
3) Die Kartoffeln hinzugeben und kochen, bis sie weich sind.
4) Alles pürieren und mit Salz, Pfeffer, etwas Kurkuma und Ingwer sowie Muskat würzen.

Vegane Pilzsuppe

460kcal | Kohlenhydrate: 32g | Eiweiß: 30g | Fett: 28g

Zubereitungszeit: 15 Minuten Portionen: 2

Zutaten:

- 120 g Miso Paste
- 1 l Gemüsebrühe
- 10 g getrocknete Wakame-Algen
- 2 Frühlingszwiebeln
- 200 g Shiitake-Pilze
- 400 g gewürfelter Tofu
- 1 gehackte Chilischote

Zubereitung:

1) Die getrockneten Wakame-Algen zehn Minuten in warmes Wasser einweichen und anschließend abgießen.
2) Nun die beiden Frühlingszwiebeln putzen, waschen und in feine Röllchen schneiden.
3) Kochen Sie anschließend in einem Suppentopf die Gemüsebrühe auf und geben Sie die Pilze hinzu. Lassen Sie alles rund 2 Minuten lang köcheln.
4) Vermischen Sie nun die Miso Paste mit ein wenig warmer Brühe und geben Sie diese zur Suppe. Nun noch den Tofu zur restlichen Brühe hinzugeben, doch achten Sie bitte unbedingt darauf, dass die Suppe nicht mehr kocht!
5) Die abgetropften Wakame-Algen nun mit der gehackten Chilischote sowie den Frühlingszwiebeln zur Suppe hinzugeben und alles servieren.

Rote-Bete-Eintopf

180kcal | Kohlenhydrate: 20g | Eiweiß: 4g | Fett: 7g

Zubereitungszeit: 30 Minuten Portionen: 4

Zutaten:

- 300 g Kartoffeln
- 250 g Rote Bete (gekocht)
- 250 ml Gemüsebrühe
- 2 EL Kokosöl
- 2 Lorbeerblätter
- 2 Zweige Thymian
- 100 ml Hafersahne
- 1 EL Sojasoße
- 1 Prise gemahlener Kümmel
- Salz und Pfeffer nach Geschmack
- Petersilie

Zubereitung:

1) Die Kartoffeln werden als erstes geschält und in mittelgroße Würfel geschnitten. Die Rote Bete ebenfalls in Würfel derselben Größe schneiden.
2) Das Öl in einem Topf erhitzen. Dann die Rote Bete- und die Kartoffelwürfel dazugeben und unter gelegentlichem Rühren bei mittlerer Hitze für ca. zehn Minuten schmoren lassen. Ab und zu immer wieder umrühren.
3) Kartoffeln und Rote Bete werden mit der Gemüsebrühe abgelöscht, die Lorbeerblätter und den Thymian hinzugegeben. Alles mit Kümmel und Sojasoße würzen.
4) Die Sahne wird eingerührt und der Eintopf abgedeckt für etwa zehn Minuten leicht köcheln gelassen.
5) Die Lorbeerblätter werden nun entfernt. Den Eintopf mit Salz, Pfeffer (und ggf. Zitronensaft) abschmecken. In Schüsseln geben und mit frisch gehackter Petersilie bestreut servieren.

Spitzkohl-Gewürztopf

90kcal | Kohlenhydrate: 7g | Eiweiß: 4g | Fett: 5g

Zubereitungszeit: 35 Minuten Portionen: 4

Zutaten:

- 1 kleiner Spitzkohl
- 200 g Tomaten
- 1 Zwiebel
- 1 Knoblauchzehe
- 1 EL Tomatenmark
- 1 TL Thymian
- ½ TL Pfeffer
- ½ TL Chiliflocken
- 1 TL Fenchelsamen
- 1 TL Kurkuma
- 2 EL Kokosöl
- 250 ml Gemüsebrühe
- ½ TL Zimt
- 1 TL Agavendicksaft
- 1 TL Steinsalz
- 2 EL Petersilie (frisch)

Zubereitung:

1) Der Spitzkohl wird gewaschen und in Streifen geschnitten. Die Tomaten waschen, entkernen und stückeln. Den Knoblauch und die Zwiebel schälen und fein hacken.
2) Kokosöl in einem Topf erhitzen. Die Fenchelsamen hineingeben, kurz anrösten. Zwiebel, Knoblauch, Chili und Kurkuma hinzufügen und alles zusammen anbräunen.
3) Den Spitzkohl und die Tomaten werden in den Gewürzsud gegeben. Für einige Minuten anschwitzen.
4) Thymian hinzufügen. Das Ganze mit Gemüsebrühe ablöschen und im geschlossenen Topf etwa 15 Minuten lang köcheln lassen. In der Zwischenzeit die Petersilie waschen, abtrocknen und fein hacken.
5) Der Agavendicksaft wird eingerührt und alles mit Salz, Pfeffer und Zimt abgeschmeckt. Mit etwas gehackter Petersilie bestreuen und zum Schluss servieren.

Steckrüben-Curry

400kcal | Kohlenhydrate: 17g | Eiweiß: 35g | Fett: 20g

Zubereitungszeit: 50 Minuten Portionen: 4

Zutaten:

- 400 g Steckrüben
- 250 g Kichererbsen (Dose)
- 1 Paprika (rot)
- 1 Schalotte
- 1 Knoblauchzehe
- 1 EL Ingwer (frisch)
- 600 ml Gemüsebrühe
- 2 EL Kokosöl
- 1 EL Tamari (Sojasoße)
- ½ Zitrone
- 2 EL Mandelmus (hell)
- 1 EL Garam Masala (gemahlen)
- 1 TL Kurkuma & Koriander
- 1 TL Kreuzkümmel (gemahlen)
- ¼ TL Chili
- ½ TL Muskat
- Kristallsalz nach Geschmack
- Pfeffer (frisch gemahlen)
- ½ Bund frischer Koriander

Zubereitung:

1) Die Steckrüben werden gewaschen, geschält und in kleine Würfel geschnitten. Den Paprika waschen, Kerne entfernen und in kleine Stücke schneiden.
2) Die Schalotte schälen und fein schneiden. Den Ingwer waschen und mit der Schale reiben oder sehr fein hacken.
3) Den Knoblauch schälen und reiben, pressen oder fein schneiden. Den frischen Koriander waschen, und fein hacken. Der Saft der Zitrone wird dann ausgepresst.
4) Die Kichererbsen über ein Sieb abschütten und unter kaltem Wasser abspülen, bis sie nicht mehr schäumen. Zur Seite stellen.
5) Das Kokosöl wird in einer Pfanne erhitzt. Die Schalotten, den Ingwer und den gepressten Knoblauch darin anschwitzen. Die Rüben- und Paprikawürfel dazugeben und leicht anbraten.
6) Kurkuma, Koriander, Kreuzkümmel, Chili und Muskat hinzugeben und alles gut vermengen. Tamari dazugeben und mit der Gemüsebrühe auffüllen. Alles für etwa 15 Minuten leicht köcheln lassen.
7) Nach 15 Minuten werden die Kichererbsen dazugegeben und weitere 5 Minuten lang mitköcheln gelassen.
8) Garam Masala hinzugeben, das Mandelmus unter das Gemüse heben und sorgfältig rühren. Das Curry noch einmal köcheln lassen, bis es eine dicke Konsistenz erreicht hat.
9) Nun wird mit Salz und Pfeffer abgeschmeckt. Mit frischem Koriander bestreut in Schüsseln oder auf tiefen Tellern servieren.

Gemüse-Bolognese

580kcal | Kohlenhydrate: 90g | Eiweiß: 25g | Fett: 15g

Zubereitungszeit: 50 Minuten   Portionen: 4

Zutaten:

- 2 Knoblauchzehen
- 200 g Sellerie
- 200 g Karotten
- 200 g Paprika (rot)
- 500 g Zucchini
- 250 g Lauch
- 3 EL Olivenöl
- 800 g Dosentomaten
- 500 g Pasta (Vollkorn)
- getrockneter Oregano
- Salz, Pfeffer

Zubereitung:

1) Den Sellerie waschen und putzen, die Karotten schälen und die Paprika ebenfalls waschen und entkernen. Auch die Zucchini und den Lauch gründlich waschen und putzen.
2) Das Gemüse wird nun in sehr kleine Stücke geschnitten.
3) Den Knoblauch schälen und pressen.
4) In einer Pfanne mit heißem Olivenöl wird der Knoblauch zusammen mit dem Gemüse angebraten. Bei mittlerer Hitze sollte das Gemüse etwa 10 Minuten dünsten.
5) Nun werden die Tomaten aus der Dose hinzugefügt. Etwa 30 Minuten sollte das Gemüse nun kochen. Ab und zu sollte umgerührt werden.
6) Während die Gemüse-Sauce kocht, werden die Nudeln in Salzwasser zubereitet.
7) Die Bolognese wird schlussendlich nochmals mit Salz, Pfeffer und getrocknetem Oregano abgeschmeckt und über die fertigen Nudeln gegeben und serviert.

Vegane Spinatsuppe

103kcal | Kohlenhydrate: 5g | Eiweiß: 10g | Fett: 3g

Zubereitungszeit: 30 Minuten   Portionen: 2

Zutaten:

- 250 g Tiefkühlspinat
- 1 weiße Zwiebel
- Knoblauchpulver
- 500 ml Gemüsebrühe
- etwas Sojajoghurt
- Salz, Pfeffer

Zubereitung:

1) Die Zwiebel schälen und in feine Würfel schneiden. Danach werden die Stücke in etwas Olivenöl angebraten.
2) Die Suppe hinzugeben und aufkochen lassen. Den Spinat nun ebenfalls hinzugeben und etwas Knoblauchpulver unterrühren.
3) Wenn der Spinat weich ist, alles mit Salz und Pfeffer abschmecken und etwas Sojajoghurt einrühren.
4) Alles mit dem Stabmixer pürieren und genießen.

Vegane Linsen-Pasta mit rotem Pesto

552kcal | Kohlenhydrate: 50g | Eiweiß: 27g | Fett: 27g

Zubereitungszeit: 40 Minuten Portionen: 3

Zutaten:

- 250 g Linsenpasta
- 250 g Cherrytomaten
- 80 g Rucola
- 50 g Pinienkerne
- 2 Knoblauchzehen
- 125 g getrocknete Tomaten
- 1 rote Zwiebel
- 10 g gehacktes Basilikum
- 4 EL Olivenöl
- 1 TL Balsamico-Essig
- 1 TL Zitronensaft
- Salz und Pfeffer

Zubereitung:

1) Die Pinienkerne in einer Pfanne ohne Öl goldbraun rösten und anschließend in einem Schälchen abkühlen lassen.
2) Den Knoblauch schälen und feinhacken, den Rucola waschen, trockenschütteln und kleinhacken und die Zwiebel schälen und in Würfel schneiden. Tomaten waschen und halbieren.
3) Linsen-Pasta nach Packungsanweisungen kochen und abtropfen lassen.
4) Währenddessen die Pinienkerne mit den getrockneten Tomaten, dem Knoblauch, 3 EL Öl, dem Essig und dem Zitronensaft zu einer Pasta pürieren.
5) Restliches Öl in einer Pfanne erhitzen und die Zwiebel darin dünsten. Tomaten hinzugeben und weitere zwei Minuten mit anbraten.
6) Pesto, Pasta, Rucola und Basilikum in die Pfanne geben und alles vermengen und heiß werden lassen. Nach Belieben würzen und mit ein paar ganzen Pinienkernen garnieren.

Hirse mit Spinat & Erbsen

520 kcal | Kohlenhydrate: 55g | Eiweiß: 20g | Fett: 25g

Zubereitungszeit: 20 Minuten Portionen: 2

Zutaten:

- 120 g Hirse
- 150 g Tiefkühlerbsen
- 3 TL Tahini
- 2 EL Zitronensaft
- 50 g Babyspinat
- Salz, Pfeffer
- etwas Gartenkresse
- eine halbe Tasse Mandelkerne

Zubereitung:

1) Die Hirse wird mit der doppelten Menge an Wasser zum Kochen gebracht. Nach rund 15 Minuten sollte die Flüssigkeit aufgesogen worden sein.
2) Die Erbsen mit wenig Wasser in einen Topf geben und kochen lassen. Nach etwa zwei Minuten sind sie bereits fertig und werden abgegossen.
3) Tahini, Zitronensaft, Salz und Pfeffer werden zu einem Dressing verrührt.
4) Der Spinat wird gewaschen und sollte abtropfen.
5) Die Mandelkerne hacken.
6) Nun wird alles miteinander vermengt und nochmals mit Salz und Pfeffer abgeschmeckt und die Kresse gut unterhoben.

Süßkartoffel-Pfanne mit Radieschen

270kcal | Kohlenhydrate: 50g | Eiweiß: 5g | Fett: 5g

Zubereitungszeit: 30 Minuten Portionen: 2

Zutaten:

- 400 g Süßkartoffeln
- 10 g frischer Ingwer
- ½ Bund Radieschen
- etwas Sesamöl
- Kümmel und Koriander
- ½ Granatapfel
- ½ Limette
- frischer Koriander
- Salz, Pfeffer

Zubereitung:

1) Die Süßkartoffel schälen und in größere Stücke schneiden.
2) Ingwer schälen und hacken.
3) Die Radieschen waschen und in dünne Scheiben schneiden.
4) Öl in einer Pfanne erhitzen und den Ingwer darin anbraten. Die Süßkartoffel dazugeben und mit anrösten. Kümmel und Koriander dazugeben.
5) Auch die Radieschen dazugeben und alles kurz andünsten.
6) Die Limette halbieren und auspressen. Auch den Granatapfel halbieren und die Kerne aus der Frucht lösen.
7) Den frischen Koriander waschen, abtropfen lassen und die Blätter abzupfen.
8) Die Süßkartoffeln mit dem Saft der Limette ablöschen und mit ein wenig Salz und Pfeffer würzen.
9) Auf Tellern anrichten und mit dem frischen Koriander und den Granatapfelkernen servieren.

Mangold-Makkaroni in Pilzsoße

618kcal | Fett: 12g | Kohlenhydrate: 105g | Eiweiß: 22g

Zubereitungszeit: 30 Minuten   Portionen: 4

Zutaten:

- 300 g Vollkorn-Makkaroni
- 1 Schalotte
- 1 Zehe Knoblauch
- 200 g Shiitakepilze
- 500 g Mangold
- 1 EL Olivenöl
- 1 Msp. Chilipulver
- ½ TL Koriander
- ½ TL Ingwer (gemahlen)
- 50 ml Gemüsebrühe
- 100 g vegane Crème fraîche
- 4 Stiele Petersilie
- Pfeffer und Salz

Zubereitung:

1) Die Schalotte und den Knoblauch werden als erstes geschält und sehr fein gewürfelt. Die Pilze nun putzen. Die Stiele abschneiden, die Hüte je nach Größe halbieren oder vierteln. Den Mangold waschen, die Strünke entfernen und die Blätter klein schneiden.
2) Das Öl in einer beschichteten Pfanne erhitzen. Den Knoblauch hineingeben und leicht anrösten. Die Hitze reduzieren und die Schalotte kurz bei mittlerer Hitze andünsten. Die Pilze werden hinzugegeben und angebraten. Chili, Ingwer, Koriander und Kurkuma dazugeben und mitbraten lassen.
3) Die Mangoldblätter dann unterrühren. Die Brühe und die Crème fraîche dazugeben und alles mit Salz und Pfeffer würzen. Bei mittlerer Hitze knapp zehn Minuten lang schmoren lassen.
4) In der Zwischenzeit werden die Nudeln in reichlich Salzwasser nach Packungsanleitung gegart. Die Petersilie waschen, trocknen und fein hacken.
5) Die Nudeln in einem Sieb abgießen. 2 EL Nudelwasser auffangen und unter die Mangold-Pilz-Soße rühren.
6) Die Nudeln werden danach gut abtropfen gelassen und auf tiefen Teller verteilt. Mit der Mangold-Pilz-Soße übergießen und mit frischer Petersilie garnieren.

Tofu-Gemüse-Curry

680 kcal | Kohlenhydrate: 50g | Eiweiß: 25g | Fett: 40g

Zubereitungszeit: 30 Minuten Portionen: 2

Zutaten:

- ½ Aubergine
- 1 Karotte
- 1 Zwiebel
- 1 Knoblauchzehe
- ½ EL Tomatenmark
- 1 EL gelbe Currypaste
- 125 g Naturreis
- 200 ml Kokosmilch
- Salz, Pfeffer, Kurkuma
- Chilipulver
- 30 g gemischte Nüsse
- 120 g Räuchertofu
- frisches Basilikum
- Cocktailtomaten

Zubereitung:

1) Zwiebel, Aubergine und die Karotte waschen bzw. schälen und in kleine Stücke schneiden.
2) Öl in einer Pfanner erhitzen und das Gemüse darin anbraten. Tomatenmark und Currypaste dazugeben und mit Kokosmilch aufgießen und aufkochen lassen. Mit Salz, Pfeffer und Kurkuma sowie etwas Chilipulver würzen.
3) Den Reis nach Packungsangabe kochen.
4) Den Räuchertofu in kleine Würfel schneiden und in ein wenig Öl anbraten.
5) Basilikum waschen und fein hacken. Cocktailtomaten waschen und halbieren. auch die Nüsse hacken.
6) Den fertigen Reis anrichten, das Curry darüber geben und mit dem Räuchertofu und Cocktailtomaten sowie frischem Basilikum garnieren. Die Nüsse darüberstreuen.

Möhren-Zucchinipfanne mit Hirse

413kcal | Fett: 11g | Kohlenhydrate: 46g | Eiweiß: 30g

Zubereitungszeit: 40 Minuten   Portionen: 4

Zutaten:

- 200 g Hirse
- 500 ml Gemüsebrühe
- 150 g Gemüsezwiebeln
- 250 g Möhren
- 250 g Zucchini
- 4 Knoblauchzehen
- ½ TL Sambal Oelek
- 5 EL Öl
- ½ TL Kurkuma
- ½ TL Kreuzkümmel
- 1TL Koriander
- Salz und Pfeffer

Zubereitung:

1) Den Knoblauch werden als erstes geschält und fein gehackt. Die Hirse unter heißem Wasser abspülen.
2) 4 EL Öl mit 1 EL Wasser erhitzen, Knoblauch und Sambal Oelek hineingeben und kurz andünsten. Kreuzkümmel, Chili, Koriander und Kurkuma ebenfalls dazugeben und weiter dünsten. Die Hirse hinzugeben. Alles mit der Gemüsebrühe auffüllen und 20 - 30 Minuten lang köcheln lassen.
3) In der Zwischenzeit werden die Zwiebeln geschält und fein gewürfelt. Möhren und Zucchini waschen und schälen. Die Möhren fein und die Zucchini etwas gröber würfeln.
4) 5 EL Öl und 1 EL Wasser erhitzen, die Möhren hineingeben und für 5 Minuten andünsten. Danach Zwiebeln und Zucchini hinzugeben und alles weitere 5 Minuten dünsten, bis das Gemüse schließlich bissfest ist.
5) Das Gemüse wird mit der gewürzten Hirse vermengt, alles kurz durchziehen gelassen und auf tiefen Tellern oder in Schalen serviert.

Oatmeal gebacken

250kcal | Kohlenhydrate: 30g | Eiweiß: 10g | Fett: 10g

Zubereitungszeit: 10 Minuten Portionen: 3

Zutaten:

- 100 g Haferflocken
- eine Prise Salz
- 25 g Nüsse nach Wahl
- 100 g Beeren
- 90 ml Hafermilch
- Mark einer halben Vanilleschote
- 1 TL Kokosöl
- etwas Birkenzucker
- 100 g Kokosjoghurt

Zubereitung:

1) Haferflocken mit 200 ml kochende Wasser aufgießen. Eine Prise Salz noch dazugeben und für rund 10 Minuten quellen lassen.
2) Die Nüsse grob hacken und die Beeren waschen.
3) Hafermilch, Nüsse, Beeren und Vanille mit den Haferflocken vermischen und in eine Auflaufform geben, die zuvor mit Kokosöl eingefettet wurde.
4) Den Auflauf mit Birkenzucker überstreuen und bei rund 180 Grad Celsius für etwa 25 Minuten backen.
5) Das fertige Oatmeal mit Joghurt servieren.

Pulled Jackfruit-Burger

560kcal | Kohlenhydrate: 80g | Eiweiß: 15g | Fett: 20g

Zubereitungszeit: 55 Minuten Portionen: 3

Zutaten:

- 500 g Rotkohl
- 1 TL Kokosblütenzucker
- 1 EL Weißweinessig
- 2 EL Walnussöl
- Salz, Pfeffer
- 280 g Jackfruit aus der Dose
- 1 Orange
- 2 Knoblauchzehen
- 2 Schalotten
- Olivenöl
- 1 Avocado
- BBQ-Sauce (vegan)
- 3 Burger-Brötchen

Zubereitung:

1) Den Rotkohl waschen, Strunk entfernen und in feine Streifen schneiden.
2) Mit Salz, Pfeffer und Kokosblütenzucker würzen und mit Essig und Walnussöl vermischen.
3) Die Orange schälen und die weiße Haut entfernen. Das Fruchtfleisch heraustrennen und in feine Scheiben schneiden. Danach unter den Kohl mischen.
4) Die Jackfruitstücke waschen und abtropfen lassen. Die Schalotten schälen und fein würfeln. Knoblauch ebenfalls schälen und würfeln.
5) Öl in einer Pfanne erhitzen und die Jackfruit, Knoblauch und Schalotten dazugeben und anrösten.
6) Etwas BBQ-Sauce und etwa 50 ml Wasser dazugeben und aufkochen lassen. Immer wieder umrühren.
7) Avocado entkernen, schälen und in Streifen schneiden.
8) Die Bürgerbrötchen halbieren und im Ofen anrösten.
9) Die Jackfruit aus der Pfanne nehmen und vorsichtig mit einer Gabel rupfen.
10) Die Burger-Hälften mit Rotkraut, Avocado und Jackfruit belegen.
11) Das restliche Rotkraut zu den Burgern servieren.

Fitnessburger vegetarisch

600kcal | Kohlenhydrate: 70g | Eiweiß: 20g | Fett: 25g

Zubereitungszeit: 30 Minuten Portionen: 1

Zutaten:

- 1 Burger-Brötchen
- 50 g Quinoa
- 10 g Kichererbsenmehl o.ä.
- ½ TL Kala Namak
- 2 EL Olivenöl
- ½ Karotte
- 1 Zwiebel
- 1 Tomate
- 1 EL Ketchup
- 1 EL Guacamole
- 1 Salatblatt
- Salz, Pfeffer

Zubereitung:

1) Der Quinoa wird zuerst nach Packungsangabe zubereitet.
2) Die Karotte schälen und in feine Streifen schneiden. Die Zwiebel ebenfalls schälen und in kleine Stücke schneiden. Beides in einer Pfanne mit etwas Olivenöl anrösten. Mit Salz und Pfeffer würzen.
3) Das fertige angeröstete Gemüse mit dem fertigen Quinoa in einer Schüssel vermengen. Mit Salz und Pfeffer abschmecken.
4) Das Mehl und das Kala Namak hinzufügen und alles gut durchkneten.
5) Etwas Öl in der Pfanne erhitzen und einen Burger mit der Masse formen. Dieser wird darin auf beiden Seiten goldgelb angebraten.
6) Das Brötchen aufschneiden und beide Hälften mit Ketchup und Guacamole bestreichen. Den fertigen Burger darauflegen.
7) Das Salatblatt darüberlegen und die Tomate in feine Scheiben schneiden und ebenfalls darüberlegen. Den Burger zuklappen und genießen.

Tortilla mit Bohnen

550kcal | Kohlenhydrate: 45g | Eiweiß: 25g | Fett: 25g

Zubereitungszeit: 40 Minuten Portionen: 2

Zutaten:

- 300 g Kartoffeln
- ½ TL Kala Namak
- 100g Kichererbsenmehl
- 40 ml Milch
- 2 EL Sonnenblumenöl
- Salz, Pfeffer
- Muskatnuss
- frische Petersilie
- 1 Zwiebel
- 1 Tomate
- 1 Knoblauchzehe
- ½ EL Tomatenmark
- 1 EL Olivenöl
- etwas Zitronensaft
- Thymian und Chilipulver
- 200 g Kidneybohnen aus der Dose

Zubereitung:

1) Die Kartoffeln zuerst kochen, pellen und abkühlen lassen. Danach werden sie in ½-Zentimeter dicke Scheiben geschnitten. In einer Pfanne etwas Öl erhitzen und die Kartoffeln darin anbraten.
2) Den Ofen auf 180 Grad Celsius vorheizen.
3) Milch, Kichererbsenmehl, Kala Namak und Petersilie in einer Schüssel vermengen und mit Salz und Pfeffer sowie etwas Muskatnuss würzen. Nun werden die Kartoffelscheiben untermischt und die Mischung in eine Pfanne gegeben, die zuvor mit ein wenig Öl bestrichen wurde. Das Ganze kommt nun in den Ofen und wird bei 180 Grad Celsius für rund 25 Minuten gebacken.
4) Während der Backzeit wird das Bohnenmus zubereitet. Hierfür werden Knoblauch und Zwiebel geschält und fein gehackt und in einer Pfanne angeröstet. Die Tomaten und die Bohnen werden hinzugegeben und aufgekocht. Dabei unbedingt immer wieder umrühren.
5) Das Öl und etwas Zitronensaft dazugeben und alles pürieren. Mit dem Tomatenmark und Gewürzen abschmecken.
6) Die Tortilla aus dem Ofen nehmen und Stürzen. In vier gleichgroße Stücke schneiden und auf Tellern anrichten.
7) Das Bohnenmus darüber anrichten, nochmals abschmecken und danach servieren.

Kokos-Curry mit Kichererbsen

540kcal | Kohlenhydrate: 60g | Eiweiß: 18g | Fett: 22g

Zubereitungszeit: 30 Minuten   Portionen: 1

Zutaten:

- 40 g Reis
- 1 Zwiebel
- 1 Frühlingszwiebel
- 120 g Kichererbsen aus der Dose
- 100 ml Gemüsebrühe
- 1 TL Rapsöl
- 1 Tasse frischer Spinat
- 50 ml Kokosmilch
- 10 g Cashewnüsse
- Salz, Pfeffer
- etwas Muskat
- Currypulver

Zubereitung:

1) Reis nach Angabe auf der Verpackung kochen.
2) Die Zwiebel schälen und in kleine Stücke schneiden. Die Frühlingszwiebel waschen und in feine Ringe schneiden. Etwas Öl in einer Pfanne erhitzen und die Zwiebel darin anrösten.
3) Die Kichererbsen hinzugeben, mit Salz, Pfeffer, Muskat und Curry würzen und mit Gemüsebrühe und Kokosmilch aufgießen und aufkochen lassen.
4) Die Cashewkerne hinzugeben und alles einige Minuten köcheln lassen. Den Spinat hinzugeben und auf mittlerer Hitze ein paar weitere Minuten kochen lassen.
5) Die Mischung mit Salz und Pfeffer nochmals abschmecken und zum fertigen Reis servieren.

Chili ohne Fleisch

600kcal | Kohlenhydrate: 85g | Eiweiß: 30g | Fett: 14g

Zubereitungszeit: 40 Minuten Portionen: 1

Zutaten:

- 65 g Linsen (rot)
- 100 g Kichererbsen
- 1 Tasse Kidneybohnen aus der Dose
- 40 g Mais
- 1 Knoblauchzehe
- 1 weiße Zwiebel
- 140 g Kartoffeln
- 160 g Tomaten (passiert)
- etwas Olivenöl
- 30 ml Gemüsebrühe
- Currypulver, Paprikapulver
- Salz, Pfeffer

Zubereitung:

1) Den Knoblauch und die Zwiebel schälen und in kleine Würfel schneiden. In einer Pfanne mit etwas Öl anbraten.
2) Die Kartoffeln schälen, würfeln und zu der Zwiebel und Knoblauch hinzufügen. Kurz mitbraten lassen.
3) Die Linsen mit kaltem Wasser abspülen und in die Pfanne dazugeben. Die Gemüsebrühe nun ebenfalls hinzugeben und alles für etwa 25 Minuten kochen lassen.
4) Wenn die Kartoffeln durch sind und die Linsen zerfallen, vom Herd nehmen und den Mais und die Bohnen hinzugeben. Gut umrühren.
5) Die passierten Tomaten unterrühren und nochmals für etwa fünf Minuten ziehen lassen.
6) Nochmals mit Salz, Pfeffer und den Gewürzen abschmecken und noch heiß genießen.

Bowles & Salate

Reis-Bowl

610kcal | Kohlenhydrate: 85g | Eiweiß: 20g | Fett: 20g

Zubereitungszeit: 25 Minuten Portionen: 2

Zutaten:

- 60 g Cashewkerne
- 100 g Reis (Langkornreis)
- 2 Karotten
- 1 Bund Radieschen
- 100 g Feldsalat
- 1 Orange
- 1 EL Limettensaft
- frische Petersilie
- Salz, Pfeffer
- 260 g Kichererbsen

Zubereitung:

1) Die Cashewkerne in 100 ml Wasser einweichen.
2) Den Reis laut Verpackung kochen.
3) Die Karotten schälen und raspeln. Die Radieschen waschen und in dünne Scheiben schneiden. Auch den Feldsalat waschen und abtropfen lassen. Die Orange schälen und in kleine Stücke schneiden.
4) Die Petersilie waschen, abtropfen lassen und hacken.
5) Die Cashewkerne mit dem Einweichwasser, Salz, Pfeffer, Limettensaft und Petersilie pürieren.
6) Alles zusammen mit dem Reis in Schalen anrichten und mit der Cashew-Sauce beträufeln.

Noodle-Bowl

480kcal | Kohlenhydrate: 70g | Eiweiß: 15g | Fett: 15g

Zubereitungszeit: 50 Minuten Portionen: 2

Zutaten:

- 100 g getrocknete Kichererbsen
- 1/2 weiße Zwiebel
- 1 Knoblauchzehe
- frischer Koriander
- frische Petersilie
- ½ Zitrone
- ½ Chilischote
- ½ EL gemahlener Kreuzkümmel
- Salz, Pfeffer
- Olivenöl
- 100 g Vollkornpasta (Spaghetti)
- 300 g Süßkartoffel
- 40 g Rucola
- ein paar Radieschen
- 2 Frühlingszwiebel
- frische Minze
- 1 Limette
- Sesamöl

Zubereitung:

1) Die Kichererbsen mit Wasser bedecken und über Nacht einweichen lassen. Am nächsten Morgen abgießen und mit kaltem Wasser abspülen.
2) Die Zwiebel schälen und grob hacken. Petersilie und Koriander waschen und ebenfalls grob hacken. Auch den Knoblauch schälen und pressen. Chilischote halbieren, die Kerne entfernen und die Schote selbst in feine Ringe schneiden. Alles mit Salz, Pfeffer und Kümmel pürieren.
3) Aus der fertigen Masse werden kleine Bällchen geformt. Öl in einer Pfanne erhitzen und die Bällchen darin anbraten.
4) Die Nudeln in kochendem Salzwasser nach Packungsangabe kochen.
5) Die Süßkartoffel schälen und in feine Streifen schneiden. Am besten verwendet man hierfür einen Gemüseschäler. Erneut in einer Pfanne mit etwas Öl anbraten.
6) Die fertigen Nudeln abgießen, abtropfen lassen und zu den Süßkartoffeln geben. Kurz anbraten lassen.
7) Nochmals mit Salz und Pfeffer würzen und den Rucola dazugeben.
8) Radieschen waschen und in dünne Scheiben schneiden. Ebenso die Frühlingszwiebeln. Die Limette auspressen und mit den Radieschen und Zwiebeln vermengen. Minze und Sesamöl dazugeben und gut durchmischen.
9) Die fertigen Gemüsenudeln in die Bowl geben und mit der Sauce vermengen.

Kartoffelpuffer-Bowl

330kcal | Kohlenhydrate: 55g | Eiweiß: 5g | Fett: 10g

Zubereitungszeit: 30 Minuten Portionen: 2 Stück

Zutaten:

- ½ kg Kartoffeln
- Salz, Pfeffer, Muskatnuss
- etwas Olivenöl
- ½ EL Apfelessig
- ½ TL scharfer Senf
- etwas Ingwerpulver
- frische Petersilie
- 1 Apfel
- 60 g Pflücksalat

Zubereitung:

1) Kartoffeln schälen, waschen und raspeln. Mit Muskat, Salz und Pfeffer würzen.
2) Olivenöl (rund 2 Esslöffel), Apfelessig, Senf, Ingwer und Salz miteinander vermischen. Die Petersilie waschen, fein hacken und unter das fertige Dressing rühren.
3) Die Flüssigkeit aus den Kartoffeln mit den Händen herausdrücken, danach kleine Puffer formen.
4) Öl in einer Pfanne erhitzen und die Puffer auf beiden Seiten goldgelb braten.
5) Apfel waschen, halbieren, das Kerngehäuse entfernen und in kleine Stücke schneiden. Den Salat waschen und abtropfen lassen.
6) Den Salat mit den Apfelstücken vermengen und in zwei Bowls anrichten. Das Dressing darüber geben und die Puffer auf den Salat legen.

Thai-Bowl mit Linsen und Cashew

700kcal | Kohlenhydrate: 100g | Eiweiß: 35g | Fett: 20g

Zubereitungszeit: 40 Minuten   Portionen: 2

Zutaten:

- 300 ml Gemüsebrühe
- 100 g Linsen
- 40 g Basmatireis
- 100 g Tomaten (gehackt)
- 1 EL rote Currypaste
- 1 TL Masala
- 1 Zwiebel
- 2 Karotten
- 1 Avocado
- frische Petersilie
- Salz, Pfeffer
- Cashewkerne
- etwas Zitronensaft
- 20 ml Wasser
- eine Prise Salz

Zubereitung:

1) Der Reis wird nach Packungsangabe zubereitet.
2) Die Zwiebel schälen und in kleine Stücke schneiden. In einer Pfanne mit etwas Olivenöl anbraten.
3) Die Currypaste und die anderen Gewürze hinzufügen und den gehackten Tomaten und der Gemüsebrühe ablöschen.
4) Nun werden die Linsen hinzugefügt und bei geschlossenem Deckel gekocht. Immer wieder umrühren.
5) Wenn die Linsen durch sind, wird der gekochte Reis unterhoben.
6) Die Karotten schälen und in Stücke schneiden. Auf einem Backblech auflegen und bei 220 Grad Celsius für etwa 20 Minuten backen. Zuvor mit etwas Olivenöl bestreichen.
7) Die Cashewkerne in einem Mixer zerkleinern und mit dem Zitronensaft, dem Wasser und Salz pürieren.
8) Das fertige Curry auf einem Teller anrichten, die Karottenstücke darüberlegen und den Cashew-Dip dazu servieren. Mit frischer Petersilie garnieren.

Reisnudelsalat

800kcal | Kohlenhydrate: 80g | Eiweiß: 30g | Fett: 40g

Zubereitungszeit: 25 Minuten   Portionen: 1

Zutaten:

- 60 g Reisnudeln
- 100 g Tofu
- 3 EL Kokosmilch
- 2 TL Zitronensaft
- 1 TL Rapsöl
- ½ Salatgurke
- ½ Paprika
- ½ Mango
- ½ Avocado
- ein paar Cashewkerne
- Salz, Pfeffer
- frische Petersilie

Zubereitung:

1) Die Reisnudeln werden nach der Angabe auf der Verpackung zubereitet.
2) Die Mango und die Avocado schälen, entsteinen und würfeln. Auch den Tofu in kleine Stücke schneiden.
3) Öl, Kokosmilch und Zitronensaft vermischen und mit Salz und Pfeffer abschmecken.
4) Das restliche Gemüse ebenfalls waschen und in kleine Stücke schneiden und mit den fertigen Nudeln, dem Tofu, Mango und Avocado vermengen. Die Cashewkerne und das Dressing dazugeben und alles gut miteinander vermengen.
5) Nochmals mit Salz und Pfeffer abschmecken und mit frischer Petersilie garnieren.

Rote Linsen Salat

476kcal | Kohlenhydrate: 61g | Eiweiß: 21g | Fett: 20g

Zubereitungszeit: 20 Minuten   Portionen: 2

Zutaten:

- 150g Rote Linsen
- ½ Glas Kichererbsen
- ½ Bund Radieschen
- ½ Zwiebel
- ½ Zehe Knoblauch
- Olivenöl
- Hellen Balsamicoessig
- 3 Stiele Estragon
- Salz & Pfeffer

Zubereitung:

1) In einem Topf Wasser mit einer Prise Salz zum Kochen bringen und die Linsen bissfest garen.
2) Die Kichererbsen abgießen und abspülen.
3) Radieschen waschen und in Scheiben schneiden.
4) Zwiebel schälen und die Hälfte in Würfel schneiden.
5) Den Knoblauch schälen, klein schneiden (oder durch eine Presse drücken) und mit Öl, Balsamico, Salz und Pfeffer mischen.
6) Den Estragon waschen, kurz schütteln und fein schneiden.
7) Die abgegossenen Linsen, Kichererbsen, Radieschen, Zwiebeln und den Estragon in eine Schüssel geben, das Knoblauchdressing dazu geben und alles durchmischen.

Avocadosalat mit Champignons

470kcal | Kohlenhydrate: 13g | Eiweiß: 8g | Fett: 41g

Zubereitungszeit: 10 Minuten Portionen: 2

Zutaten:

- 2 Avocados
- 1 Tasse Champignons
- frische Petersilie
- Salz, Pfeffer
- etwas Balsamicoessig
- Olivenöl

Zubereitung:

1) Die Avocados schälen, den Kern herausnehmen und das Fruchtfleisch in kleine Stücke schneiden.
2) Die Champignons waschen, putzen und in einer Pfanne mit etwas Olivenöl anbraten. Danach gut mit Salz und Pfeffer würzen.
3) Die Petersilie waschen und hacken.
4) Wenn die Champignons kalt sind, mit der Avocado vermischen und alles nochmals nachwürzen.
5) Mit Balsamicoessig und Olivenöl abschmecken und die Petersilie unterheben.

Süßer Karottensalat

490kcal | Kohlenhydrate: 84g | Eiweiß: 10g | Fett: 4g

Zubereitungszeit: 15 Minuten   Portionen: 2

Zutaten:

- 15 Karotten
- etwas Agavendicksaft
- etwas Balsamicoessig
- frischer Schnittlauch
- 50 ml vegane Sahne
- Salz Pfeffer

Zubereitung:

1) Die Karotten schälen und fein raspeln.
2) Etwas Agavendicksaft hinzugeben und gut durchmischen. Die Mischung rund 10 Minuten stehen lassen.
3) Den Schnittlauch waschen und fein hacken.
4) Die Karotten-Agavendicksaft-Mischung mit Balsamicoessig abschmecken.
5) Die vegane Sahne mit Salz und Pfeffer abschmecken und den Schnittlauch ebenfalls dazugeben. Alles gut verrühren.
6) Die Sahne-Mischung nun mit der Karotten-Mischung vermengen und genießen.

Bunter Salat mit Amaranth

527kcal | Kohlenhydrate: 68g | Eiweiß: 18g | Fett: 17g

Zubereitungszeit: 30 Minuten Portionen: 4

Zutaten:

- 300g Amaranth
- Jeweils 1 Bund Petersilie & Minze
- 1 Salatgurke
- 250 g Kirschtomaten
- 1 rote Zwiebel
- 1 Dose Kichererbsen
- Zitronensaft
- Olivenöl
- Brauner Zucker
- Salz & Pfeffer

Zubereitung:

1) Amaranth abspülen und nach Anweisung im Salzwasser kochen und danach abkühlen lassen
2) Petersilie und Minze waschen, kurz schütteln und die Blätter hacken
3) Die Salatgurke waschen und in Würfel schneiden
4) Tomaten waschen und vierteln
5) Zwiebeln schälen und in Ringe schneiden
6) Die Kichererbsen abtropfen lassen
7) Alles in eine Schüssel geben und kurz mischen
8) 4 EL Zitronensaft, 4 EL Olivenöl und etwas braunen Zucken mischen und über den Salat geben
9) 20 Minuten ziehen lassen und mit Salz & Pfeffer würzen

Italienischer Pasta-Salat

505kcal | Kohlenhydrate: 55g | Eiweiß: 20g | Fett: 21g

Zubereitungszeit: 20 Minuten Portionen: 6

Zutaten:

- 500 g Pasta (z.B.: Penne)
- 250 g Cocktailtomaten
- 1 Glas rotes Pesto
- 1 Packung getrocknete Tomaten (in Öl)
- 1 Packung Rucola
- 50 g Pinienkerne
- 1 Handvoll Basilikum
- Salz und Pfeffer
- Nach Bedarf: Italienische Kräuter

Zubereitung:

1) Salzwasser in einem Topf erhitzen und die Nudeln darin kochen lassen, bis sie bissfest sind. Anschließend das Wasser abgießen und die Nudeln auskühlen lassen.
2) Die getrockneten Tomaten abtropfen lassen und in Streifen schneiden. Die Cocktailtomaten waschen und halbieren.
3) Eine kleine Pfanne ohne Öl erhitzen und die Pinienkerne darin anrösten. Anschließend aus der Pfanne nehmen und beiseitestellen.
4) Rucola und Basilikum unter fließendem Wasser waschen und trockenschütteln. Anschließend kleinzupfen.
5) Nudeln mit Rucola, getrockneten Tomaten, Cocktailtomaten, Rucola, Basilikum, Pinienkernen und dem Basilikum vermengen und das rote Pesto unterrühren. Nach Belieben mit Salz, Pfeffer und den italienischen Kräutern würzen und mindestens eine Stunde lang durchziehen lassen.

American Nudelsalat to go

805kcal | Kohlenhydrate: 115g | Eiweiß: 18g | Fett: 30g

Zubereitungszeit: 35 Minuten   Portionen: 2

Zutaten:

- 100 ml Bio-Haferdrink
- 250 g Makkaroni
- 2 EL Zucker
- Pfeffer, Meersalz
- 2 süßsaure Bio-Gewürzgurken (Glas)
- 2 EL Apfelessig
- 100 g geröstet Paprika (Glas)
- 3 EL vegane Mayonnaise (selbstgemacht, gekauft)
- 4 Frühlingszwiebeln

Zubereitung:

1) Kochen Sie zuerst die Nudeln nach Anleitung. Anschließend abspülen und abtropfen lassen.
2) Gießen Sie die Gewürzgurken ab und fangen dabei 2 EL Gurkensaft auf. Die Paprika ebenfalls aus dem Glas nehmen und abtropfen lassen.
3) Schneiden Sie anschließend die Gurken und die Paprika in Würfel. Die Frühlingszwiebel als nächstes waschen und in Ringe schneiden.
4) Vermengen Sie für das Dressing nun die Mayonnaise mit dem Gurkensaft, dem Zucker, ½ TL Salz, dem Haferdrink und 2 Prisen Pfeffer. Füllen Sie das Dressing nun in 2 Schraubgläser oder Ihre Lunchbox.
5) Nach und nach die Paprika, die Nudeln, die Gurken und die Frühlingszwiebeln darüber geben.
6) Stellen Sie den Salat in den Kühlschrank. Ungefähr 1 Stunde vor dem Verzehr können Sie diesen herausnehmen und auf Zimmertemperatur herunterkühlen lassen.

Quinoasalat mit Avocado

527kcal | Kohlenhydrate: 68g | Eiweiß: 18g | Fett: 17g

Zubereitungszeit: 40 Minuten Portionen: 4

Zutaten:

- 125 g Quinoa
- 250 ml Gemüsebrühe
- 1 Frühlingszwiebel
- 1 rote Paprika
- 1 rote Zwiebel
- 2 Tomaten
- 1 Avocado
- 125 g Rucola
- 1 Knoblauchzehe
- Olivenöl
- 1 TL Agavendicksaft oder Ahornsirup
- Himbeeressig (Balsamicoessig, Apfelessig)
- Salz, Chili & Pfeffer

Zubereitung:

1) Den Quinoa waschen und abtropfen lassen
2) Nun die Brühe und den Quinoa im Topf zum Kochen bringen und 12-15 Minuten garen (Deckel auf den Topf setzen)
3) Danach den Topf vom Herd nehmen und 10 Minuten quellen lassen
4) In der Zwischenzeit die Zwiebel schälen, halbieren und in Ringe schneiden, den Knoblauch schälen und klein schneiden
5) Lauchzwiebel waschen und ebenfalls in Ringe schneiden
6) Die Paprika waschen, entkernen und in Würfel schneiden
7) Tomaten waschen und würfeln
8) Die Avocado halbieren, entkernen und das Fruchtfleisch in Würfel schneiden
9) Den gewaschenen Rucola, das Gemüse, die Avocado und den Quinoa in einer Schüssel vermischen
10) Das Dressing mit 2 EL Olivenöl, 3 EL Himbeeressig, 1 TL Agavendicksaft, Salz, Pfeffer und Chili anmischen

Melonensalat mit Tofu

350kcal | Kohlenhydrate: 30g | Eiweiß: 25g | Fett: 10g

Zubereitungszeit: 25 Minuten Portionen: 2

Zutaten:

- 250 g Tofu
- 1 Zitrone
- 1 EL helle Sojasauce
- 1 TL Rapsöl
- 1 Salatgurke
- etwas Salz
- 500 g Wassermelone
- ½ TL Ahornsirup
- frische Minze, Basilikum und Petersilie

Zubereitung:

1) Den Tofu mit einer Gabel leicht zerkrümeln. Danach die Zitrone auspressen und die Hälfte des Saftes mit der Sojasauce vermengen. Den Tofu darin für etwa 10 Minuten einweichen. Danach wird er in einer Pfanne angeröstet.
2) Die Gurke schälen und in kleine Stücke schneiden.
3) Auch die Wassermelone schälen und in kleine Würfel schneiden.
4) Den restlichen Saft der Zitrone mit dem Ahornsirup vermischen und mit Gurke, Melone und Tofu vermischen.
5) Die Kräuter waschen, hacken und unter den Salat heben.

Vogerlsalat mit Kartoffeln

430kcal | Kohlenhydrate: 42g | Eiweiß: 16g | Fett: 19g

Zubereitungszeit: 15 Minuten   Portionen: 2

Zutaten:

- 2 kleine Schalen Vogerlsalat (Feldsalat)
- 1 Zwiebel
- 2 Kartoffeln
- Kürbiskernöl
- Kürbiskerne
- Salz, Pfeffer
- Balsamicoessig

Zubereitung:

1) Die Kartoffeln weichkochen, schälen und in feine Scheiben schneiden.
2) Den Feldsalat waschen und gut putzen.
3) Wenn die Kartoffelscheiben kalt sind, unter den Feldsalat mischen und alles mit Balsamicoessig, Salz, Pfeffer und Kürbiskernöl abschmecken.
4) Schlussendlich noch die Kürbiskerne ohne Öl ein paar Minuten in einer Pfanne anrösten und unter den Salat mischen.

Sojasalat

117kcal | Kohlenhydrate: 20g | Eiweiß: 6 | Fett: 1g

Zubereitungszeit: 30 Minuten Portionen: 8

Zutaten:

- 200 g Lauch
- 100 g Ananas aus der Büchse
- 100 g Mais aus der Büchse
- 80g Sojafleisch (Trockenprodukt)
- 200 ml Gemüsebrühe
- 1 El Rotweinessig
- Salz, Pfeffer
- 2 El Olivenöl

Zubereitung:

1) Die Gemüsebrühe aufkochen und das Sojafleisch darin etwa 20 Minuten einweichen.
2) Den Lauch in feine Ringe schneiden und in eine Schüssel geben.
3) Das heiße Sojafleisch darüber geben und durchmischen.
4) Essig und Salz zugeben und eine Stunde ziehen lassen.
5) Dann Ananas, Mais und Öl unterrühren und den Salat abschmecken.

Salat mit Falafeln

515kcal | Kohlenhydrate: 40g | Eiweiß: 18g | Fett: 31g

Zubereitungszeit: 35 Minuten Portionen: 4

Zutaten:

- 300 g getrocknete Kichererbsen
- 1 Schalotte
- 1 Knoblauchzehe
- 50 g Pistazien
- Salz, Pfeffer
- je 1 TL Kreuzkümmel, Koriandersaat
- Öl zum Ausbacken
- gemischten Blattsalat
- 10 Kirschtomaten
- 1/2 Gurke
- 4 Champignons
- 1/2 Avocado
- 2 EL Tahine
- 2 EL Zitronensaft
- Salz, Pfeffer
- 3 EL Olivenöl
- Petersilie

Zubereitung:

1) Für die Falafeln die Kichererbsen in reichlich Wasser über Nacht einweichen.
2) Schalotte und Knoblauch schälen und in grobe Würfel schneiden.
3) Mit Pistazien, Salz, Pfeffer, Kreuzkümmel, Koriander und Öl in der Küchenmaschine grob pürieren. Aus der Masse kleine Bällchen formen und in einer Pfanne mit Öl ausbraten.
4) Salat putzen, Kirschtomaten halbieren und die Gurke in Scheiben schneiden.
5) Champignons in dünne Scheiben schneiden und das Avocadofruchtfleisch würfeln.
6) Für die Sauce Tahine mit Zitronensaft, Salz, Pfeffer und Öl mixen.
7) Den Salat mit der Sauce anmachen und mit den Falafeln servieren.

Bohnensalat mit Mais

225kcal | Kohlenhydrate: 30g | Eiweiß: 10g | Fett: 5g

Zubereitungszeit: 35 Minuten Portionen: 4

Zutaten:

- 285 g Mais, Konserve
- 250 g Kidneybohnen, Konserve
- 220 g Bohnen, grün, gegart
- 250 g Weizen
- 150 ml Gemüsebrühe
- 1 El Senf
- 50 ml Weinessig
- Salz, Pfeffer
- 1 Handvoll frische Gartenkräuter

Zubereitung:

1) Mais unter fließendem Wasser kurz abspülen und auf einem Küchensieb gut abtropfen lassen.
2) Kidneybohnen unter fließendem Wasser kurz abspülen und auf einem Küchensieb gut abtropfen lassen.
3) Grüne Bohnen in mundgerechte Stücke schneiden, mit wenig Salzwasser kochen bis sie gar sind und mit kaltem Wasser kurz abkühlen. Dann auf einem Küchensieb abtropfen lassen.
4) Weizen in reichlich Salzwasser weichkochen und mit kaltem Wasser kurz abkühlen, dann auf einem Küchensieb abtropfen lassen.
5) Aus der Gemüsebrühe, Senf, Essig, Salz und Pfeffer das Dressing für den Salat anrühren.
6) Die Gartenkräuter fein hacken und in das Dressing geben.
7) Alle Zutaten miteinander vermischen. Den Salat für einige Stunden kühl stellen und gut durchziehen lassen. Vor dem Servieren nochmals kurz abschmecken.

Omega-3 Feldsalat

325kcal | Kohlenhydrate: 15g | Eiweiß: 14g | Fett:21g

Zubereitungszeit: 20 Minuten   Portionen: 1

Zutaten:

- 100 g Feldsalat
- 80 g Heidelbeeren
- 100 g Pilze (Champignons)
- 2 EL geschälte Hanfsamen
- 1 TL Rohrzucker
- 2 EL Limettensaft
- 1 EL Leinöl
- etwas Salz und Pfeffer

Zubereitung:

1) Den Feldsalat und die Heidelbeeren waschen und abtropfen lassen.
2) Champignons putzen und in Scheiben schneiden.
3) Für das Dressing 2 EL Limettensaft mit 1 TL Rohrzucker und dem Leinöl vermischen. Mit Salz und Pfeffer abschmecken.
4) Alle Zutaten (Hanfsamen, Feldsalat, Champions, Heidelbeeren und Dressing) vermengen und auf einem Teller anrichten.

Snacks und Nachtisch

Herzhafte Power Nüsse

400kcal | Kohlenhydrate: 35g | Eiweiß: 66g | Fett: 25g

Zubereitungszeit: 10 Minuten Portionen: 2

Zutaten:

- 50 g Walnüsse
- 200 g Erdnüsse
- 50 g Cashewkerne
- jeweils 1 TL Oregano & Thymian
- jeweils 1 TL Chilipulver & Paprikapulver
- 1 EL Kokosöl
- Etwas Salz

Zubereitung:

1) Als Erstes alle Zutaten miteinander vermischen.
2) Nun ein Backblech mit Backpapier auslegen und die Zutaten darauf ausbreiten.
3) Den Ofen auf 160 Grad Celsius (Umluft) einstellen und den Nussmix schön anrösten.
4) Nun die Nüsse herausnehmen und alles abkühlen lassen.
5) In einem Luftdichten Behälter kann der Snack aufbewahrt werden.

Zimtreis

385kcal | Kohlenhydrate: 42g | Eiweiß: 6g | Fett: 21g

Zubereitungszeit: 25 Minuten Portionen: 2

Zutaten:

- 1 Tasse Reis
- 2 Zwiebel
- Zimt
- etwas Zucker
- 120 ml Gemüsebrühe
- Sonnenblumenöl
- 1 EL Paprikapulver
- Chilipulver
- 2 EL Erdnüsse

Zubereitung:

1) Den Reis nach Angabe kochen.
2) Die Zwiebel schälen und in feine Ringe schneiden.
3) In einer heißen Pfanne etwas Sonnenblumenöl erhitzen und etwa einen Esslöffel Zucker darin auflösen. Sofort die Zwiebel dazugeben und karamellisieren. Mit der Gemüsebrühe ablöschen und kurz aufkochen lassen.
4) Das Paprikapulver hinzugeben und gut verrühren. Ebenso ein wenig Chilipulver und Zimt hinzufügen.
5) Den fertigen Reis mit der Sauce vermischen und auf zwei Teller anrichten. Ein paar Erdnüsse drüberstreuen.

Erdnuss-Schoko-Traum

170kcal | Kohlenhydrate: 20g | Eiweiß: 5g | Fett: 10g

Zubereitungszeit: 15 Minuten   Portionen: 4

Zutaten:

- 2 reife Bananen
- 50 Gramm Erdnussmus
- 40 ml Mandelmilch
- 20 Gramm dunkle Schokolade

Zubereitung:

1) Die Bananen schälen, in Stücke schneiden und für vier bis sechs Stunden ins Gefrierfach geben.
2) Die gefrorenen Bananen mit den restlichen Zutaten pürieren.
3) Die fertige Creme in Förmchen gießen und erneut einfrieren.
4) Nach etwa drei Stunden aus den Förmchen nehmen und genießen.

Veganes Tiramisu

405kcal | Kohlenhydrate: 30g | Eiweiß: 8g | Fett: 27g

Zubereitungszeit: 45 Minuten   Portionen: 6

Zutaten:

- 150 ml Espresso
- 2 EL Kakaopulver
- 70 g Rohrohrzucker
- 500 g Sojajogurt
- 2 Pck. Bourbon-Vanillezucker
- 6 vegane Cookies
- 3 Tropfen Bittermandelaroma
- 1 Bio-Banane
- etwas Meersalz
- 80 g ungesalzene Macadamia Nusskerne
- 400 g kalte, aufschlagbare Sojasahne
- 1 Pck. Sahnefestiger

Zubereitung:

1) Am Vortag ein sauberes Küchentuch über ein Sieb legen und über einen Topf setzen. Den Sojajoghurt hineingeben, die Ecken des Küchentuchs zusammenklappen und einen Teller darüberlegen. Den Joghurt über Nacht im Kühlschrank abtropfen lassen.
2) Am nächsten Tag den Espresso zubereiten und zur Seite stellen.
3) Den Joghurt mit 20 g Zucker, Vanillezucker, 1 Prise Salz und dem Bittermandelaroma vermengen.
4) Die Sahne aufschlagen und den Sahnefestiger hineingeben. Die Sahne dann unter den Joghurt mischen und kaltstellen.
5) Die Macadamia Nusskerne hobeln. Die Banane schälen und klein schneiden.
6) Den restlichen Zucker in einen Topf geben und mit 50 g Sojasahne und den Nüssen für 5 Minuten aufkochen lassen. 3 EL vom Espresso und die Bananen hinzugeben und erhitzen.
7) Die Hälfte der Joghurtcreme in Schalen geben, den Nuss-Karamell darüber verteilen und je 1 Cookie darauflegen. 1 EL Espresso darüber träufeln und wieder etwas Joghurtcreme darauf streichen.
8) Tiramisu für mindestens 2 Std. kühl stellen. Als Garnitur den Kakao darüber streuen und servieren.

Energy Balls

80kcal | Kohlenhydrate: 5g | Eiweiß: 2g | Fett: 5g

Zubereitungszeit: 15 Minuten Portionen: 8

Zutaten:

- 60 g getrocknete Datteln
- 60 g Walnüsse
- 3 TL Kakaopulver
- Vanillepulver
- eine Prise Salz
- 1 TL Kaffeepulver

Zubereitung:

1) Alles zusammen in einen Mixer geben und pürieren.
2) Aus dem Teig Kugeln formen und in etwas Kakaopulver wälzen.
3) In einem geeigneten Behälter bringen die kleinen Bälle zwischendurch Energie.

Zucchini-Chips

203kcal | Kohlenhydrate: 8g | Eiweiß: 6g | Fett: 16g

Zubereitungszeit: 20 Minuten Portionen: 2

Zutaten:

- ½ kg Zucchini
- Olivenöl
- 1 rote Zwiebel
- Salz, Pfeffer

Zubereitung:

1) Die Zucchini waschen und in feine (rund 5 mm) dicke Scheiben schneiden.
2) Auch die Zwiebel schälen und in feine Ringe schneiden.
3) In einer Pfanne wird nun etwas Olivenöl erwärmt. Die Pfanne sollte sehr heiß sein.
4) Nun werden die Zucchini-Scheiben in das heiße Öl gegeben und knusprig gebraten. Mit Salz und Pfeffer würzen.
5) Die Zwiebel in derselben Pfanne ebenfalls knusprig anbraten und unter die fertigen Chips geben.

Veganes-Birnenmus

244kcal | Kohlenhydrate: 45g | Eiweiß: 2g | Fett: 2g

Zubereitungszeit: 20 Minuten Portionen: 2

Zutaten:

- 3 Birnen
- 65 ml Weißwein
- 2 EL Zucker
- etwas Zitronensaft
- ½ Zimtstange
- ein paar Gewürznelken

Zubereitung:

1) Die Birnen waschen, entkernen und in kleine Würfel schneiden.
2) Die Birnenstücke in einen Topf legen und den Weißwein darüber geben. Die Stücke sollten knapp bedeckt sein.
3) Die Gewürze und der Zucker werden hinzugegeben und alles wird aufgekocht. Die Birnen sollten auf kleiner Flamme kochen, bis sie weich sind.
4) Zum Schluss werden die Gewürze wieder herausgenommen und die weichen Birnen püriert.

Veganer Grießpudding

211kcal | Kohlenhydrate: 39g | Eiweiß: 7g | Fett: 2g

Zubereitungszeit: 15 Minuten   Portionen: 2

Zutaten:

- 200 ml Soja-Vanille-Drink
- 1 TL Ahornsirup
- 4 EL Grieß

Zubereitung:

1) Den Soja-Drink mit dem Ahornsirup in einem Topf aufkochen lassen.
2) Wenn die Milch zu wallen beginnt, wird der Grieß vorsichtig eingerührt. Immer wieder umrühren.
3) Alles kurz aufkochen lassen, vom Herd nehmen und auskühlen lassen. Erneut immer wieder umrühren, damit sich keine Haut auf dem Pudding bildet.

Protein Brownies

206kcal | Kohlenhydrate: 20g | Eiweiß: 7g | Fett: 10g

Zubereitungszeit: 25 Minuten

Zutaten:

- 50 g Walnüsse
- 70g gemahlene Mandeln
- 30 g Kakaopulver
- 220g Datteln
- 4 EL Wasser
- süße

Zubereitung:

1) die Walnüsse im Mixer grob zerkleinern
2) die Mandeln, Kakaopulver, die Datteln und das Wasser dazu geben
3) alles Mixen, bis es eine zähe Masse wird
4) Die Masse in eine Form mit Backpapier geben und fest andrücken
5) alles für 30 Minuten in den Kühlschrank stellen und in handliche Stücke schneiden

Protein Riegel

175kcal | Kohlenhydrate: 15g | Eiweiß: 7g | Fett: 9g

Zubereitungszeit: 15 Minuten

Zutaten:

- 150 g Haferflocken(gemahlen)
- 50 g gemahlene Mandeln
- 50 g Veganes Proteinpulver (Schokolade)
- 2 EL Kakaopulver
- 50g Kokosöl
- Vegane Milch
- 10 g Kakaopulver

Zubereitung:

1) Haferflocken, Mandeln, Proteinpulver, Kakaopulver und Kakaopulver verkneten
2) Kokosöl und Milch vermischen und zu der Haferflockenmasse geben
3) Die Masse in eine Form mit Backpapier geben und fest andrücken
4) Das Ganze für 30 Minuten in den Kühlschrank stellen und in handliche Stücke schneiden.

Amaranth-Kakaoriegel

135kcal | Kohlenhydrate: 6g | Eiweiß: 6g | Fett: 10g

Zubereitungszeit: 1 Stunde 50 Minuten Portionen: 8

Zutaten:

- 250 g getrocknete Datteln
- 30 g Hanfproteinpulver
- 40 g Leinsamen
- 50 g Cashewnüsse
- 30 g gepuffter Amaranth
- 3 EL Chiasamen
- 25 g Kokosöl
- 20 g Kakaopulver
-

Zubereitung:

1) Die Datteln entkernen und mit dem Kokosöl, Hanfpulver und Leinsamen in einem starken Mixer zu einer Paste zerkleinern.
2) Cashewnüsse grob hacken. Mit Amaranth, Chia-Samen und Kakaopulver unter die Dattelpaste heben.
3) Auf eine Frischhaltefolie geben und zu einem gleichmäßig dicken Rechteck formen. Mit Folie abdecken und mindestens 1 Stunde in den Kühlschrank stellen.
4) Das Rechteck quer halbieren und die Stücke längs in 3 cm große Teile schneiden. Die Menge reicht für ungefähr 10 Riegel.
5) Im Kühlschrank luftdicht aufbewahren. Fertig sind die Schokoriegel mit Hanfprotein und Amaranth.

Crunchy Zwetschge

453kcal | Kohlenhydrate: 35g | Eiweiß: 16g | Fett: 21g

Zubereitungszeit: 45 Minuten Portionen: 2

Zutaten:

- 250g Zwetschgen
- 40 g Mandeln (gemahlen)
- 60 g Haferflockenalternative (z.B. Hirseflocken)
- Etwas Kokosöl
- Etwas Ahornsirup
- Zimt und Vanille
- 150 g Sojajoghurt

Zubereitung:

1) Backofen auf 180 °C (Ober- und Unterhitze) vorheizen.
2) Die Zwetschgen entkernen und auf dem Boden einer Auflaufform verteilen.
3) Die Mandeln mit den Hirseflocken, Kokosöl und Ahornsirup vermischen bis sich Streusel bilden.
4) Diese dann auf den Zwetschgen verteilen.
5) Zimt und Vanille darüber streuen und für ungefähr 40 Minuten in den Ofen schieben
6) Mit dem Sojajoghurt servieren.

Protein Schneebälle

359kcal | Kohlenhydrate: 33g | Eiweiß: 13g | Fett: 19g

Zubereitungszeit: 20 Minuten

Zutaten:

- 100 g Mandeln
- 200 g getrocknete Feigen, Aprikosen oder Pflaumen
- 30 g vegane Kakao Nibs
- 1 EL Wasser
- 30 g Protein Schokopulver
- Kokosflocken

Zubereitung:

1) Die Feigen und die Mandeln getrennt für kurze Zeit in heißem Wasser einweichen lassen und anschließend mit kaltem Wasser abschrecken.
2) Die Mandeln im Mixer zerkleinern.
3) Die Feigen klein schneiden und hinzugeben.
4) Etwas Wasser, das Proteinpulver und die Kakao Nibs dazu geben und alles mixen.
5) Daraus kleine Bälle formen und mit den Kokosraspeln bedecken.

Dattel-Erdnuss-Riegel

338kcal | Kohlenhydrate: 9g | Eiweiß: 22g | Fett: 24g

Zubereitungszeit: 25 Minuten

Zutaten:

- 25 g Dattelpaste
- 35 g natürliche Erdnussbutter
- 15 g Protein Vanillepulver

Zubereitung:

1) Die Erdnussbutter mit der Dattelpaste in einem Topf erwärmen und kräftig rühren (evtl. etwas Wasser dazu geben).
2) Das Vanillepulver in eine Schüssel geben.
3) Nun die Masse in die Schüssel geben und alles gut durchkneten.
4) Wenn es zu trocken wird, noch etwas Wasser hinzufügen.
5) Die passende Größe an Riegeln formen und abkühlen lassen.
6) Das Rezept kann durch Zugabe von ganzen Nüssen, Haferflocken o.ä. verfeinert werden.

Vegane Giotti

169kcal | Kohlenhydrate: 7g | Eiweiß: 4g | Fett: 13g

Zubereitungszeit: 15 Minuten Portionen: 12 Stück

Zutaten:

- 6 EL Haselnussmus
- 6 EL Mandelmus
- 1 TL Kakao
- 3 EL Kokosmehl
- 5 EL gemahlene Haselnüsse
- Vanille
- Ahornsirup zum Süßen
- gehackte Haselnüsse zum Wälzen

Zubereitung:

1) Alle Zutaten außer die gehackten Haselnüsse vermischen und die Masse rund 1 Stunde in den Kühlschrank stellen.
2) Nun werden die Kugeln in der gewünschten Größe geformt und in den gehackten Haselnüssen gewälzt.
3) Die fertigen Kugeln können sofort genossen werden und halten im Kühlschrank rund eine Woche.

No-Bake Proteinriegel

200kcal | Kohlenhydrate: 11g | Eiweiß: 14g | Fett: 10g

Zubereitungszeit: 15 Minuten Portionen: 12 Stück

Zutaten:

- 100 g veganes Eiweißpulver
- 125 g Haferflocken
- 50 g Haselnüsse
- 50 g Leinsamen
- 150 ml Pflanzenmilch
- 50 g Kokosmehl
- 50 g Mandelmus
- 100 g Zartbitterschokolade
- Datteln und Rosinen
- etwas Zimt

Zubereitung:

1) Die Leinsamen zuerst in der Küchenmaschine zerkleinern.
2) Danach die Rosinen und Nüsse dazugeben und ebenfalls zerkleinern.
3) Die restlichen trockenen Zutaten hinzugeben und miteinander vermengen.
4) Nun werden Pflanzenmilch und Mandelmus unterhoben.
5) Die Masse wird nun gleichmäßig in eine Auflaufform gegeben. Danach kommt sie für etwa vier Stunden in den Kühlschrank.
6) Nun können gleichgroße Riegel mit einem scharfen Messer herausgeschnitten werden.

Müslikeksli

320kcal | Kohlenhydrate: 40g | Eiweiß: 9g | Fett: 12g

Zubereitungszeit: 15 Minuten   Portionen: 10 Stück

Zutaten:

- 200 g Müsli
- 200 g Vollkornmehl (zum Beispiel Dinkel)
- 200 ml Hafermilch
- 80 ml Rapsöl
- 50 g Birkenzucker
- eine halbe Tasse Kürbiskerne
- eine halbe Tasse getrocknete Früchte
- etwas Zimt
- 1 EL Chiasamen

Zubereitung:

1) Das Backrohr auf 175 Grad vorheizen und ein Backblech mit Backpapier auslegen.
2) Alle Zutaten zu einem klebrigen Teig verrühren.
3) Nun werden kleine Kugeln geformt und auf das Blech gesetzt. Danach mit einem Löffel etwas heruntergedrückt.
4) Backen sollten die Kekse rund 15 Minuten lang. Danach halten sie in der Keksdose etwa zwei Wochen.

Powersnack für zwischendurch

121kcal | Kohlenhydrate: 12g | Eiweiß: 3g | Fett: 7g

Zubereitungszeit: 35 Minuten Portionen: 20 Stk.

Zutaten:

- 100 g Agavendicksaft
- 80 g vegane Margarine
- 100 g Buchweizenflocken
- 125 g Haferflocken
- 40 g Chiasamen
- 50 g Hanfsamen
- 30 g Walnüsse
- 1 Prise Zimt
- 1 Prise Salz
- Etwas Vanillekonzentrat

Zubereitung:

1) Margarine schmelzen lassen und den Agavendicksaft hinzufügen. Walnüsse klein hacken.
2) Die anderen Zutaten hinzufügen.
3) Die Mischung auf ein Backblech aufstreichen, welches mit Backpapier ausgelegt ist.
4) Die Müsliriegel-Masse mit einem zweiten Stück Backpapier in eine rechteckige Form bringen und zusammendrücken, damit der Müsli-Teig zusammenhält.
5) Etwa 15 Minuten bei 160° C Umluft backen. Leicht abkühlen lassen und noch warm in kleine Riegel schneiden.
6) Die Müsli-Menge reicht für ein kleines Backblech (20 Müsliriegel).

Kokoseis mit Schoko

170kcal | Kohlenhydrate: 10g | Eiweiß: 5g | Fett: 15g

Zubereitungszeit: 30 Minuten Portionen: 4 Stück

Zutaten:

- 200 ml Kokosmilch
- 2 bis 3 EL Ahornsirup
- 1 EL Kakaopulver entölt
- 1 Beutel Chai-Tee
- 1 EL weiße Chiasamen
- 125 g Sojajoghurt
- 15 g Zartbitterschokolade-Splitter
- 4 Eisförmchen und Stiel aus Holz

Zubereitung:

1) Die Kokosmilch in einen Topf geben und mit dem Ahornsirup und dem Kakao erhitzen. Dabei sollte die Milch jedoch nicht aufkochen.
2) Den Teebeutel hineinhängen, zudecken, vom Herd nehmen und einfach rund 30 Minuten ziehen lassen. Danach wird der Teebeutel herausgenommen und ausgedrückt.
3) Das Joghurt und die Chiasamen werden nun unterrührt.
4) Die Masse wird nun in die Förmchen geleert und für rund eine Stunde eingefroren. Danach werden die Holzstiele hineingesteckt und alles wird für weitere vier Stunden kaltgestellt.
5) Die Schokolade über einem Wasserbad schmelzen. Das Eis aus den Förmchen nehmen und die Schokolade sowie etwas Chiasamen darüber streuen und genießen.

Vegane Vanillecreme

175kcal | Kohlenhydrate: 22g | Eiweiß: 11g | Fett: 4g

Zubereitungszeit: 10 Minuten Portionen: 2

Zutaten:

- 250 ml Sojamilch
- 1 EL Speisestärke
- 1 Vanilleschote
- 3 EL Wasser
- 1 ½ EL Sojamehl
- Rohrzucker nach Geschmack

Zubereitung:

1) Zuerst wird die Sojamilch erhitzt und die Speisestärke darin aufgelöst. Bei Bedarf auch den Zucker in der Sojamilch auflösen.
2) Die Vanilleschote aufschlitzen und das Mark herauskratzen und zur Sojamilch hinzugeben.
3) Das Sojamehl und das Wasser zusammen kräftig aufschlagen und unter die Sojamilch-Masse heben. Die Masse von der Hitze nehmen.
4) Die fertige Creme in kleine Schälchen füllen und kaltstellen.

Bratapfel mit Dinkel

210kcal | Kohlenhydrate: 40g | Eiweiß: 5g | Fett: 5g

Zubereitungszeit: 15 Minuten   Portionen: 2

Zutaten:

- 30 g Dinkel (geschrotet)
- 80 ml Apfelsaft
- ein paar Haselnüsse
- ein Esslöffel Rosinen
- 2 Äpfel
- etwas Zimt

Zubereitung:

1) Den Dinkel und den Apfelsaft zusammen in eine Schüssel geben und für rund eine Stunde einweichen lassen.
2) Die Rosinen und die Haselnüsse zerkleinern und ein wenig Zimt hinzufügen.
3) Die Äpfel waschen und den oberen Teil als Deckel abschneiden. Den restlichen Apfel aushöhlen.
4) Die Rosinen und Haselnüsse zur restlichen Masse geben und gut vermischen. Die Äpfel mit der Masse füllen und den "Deckel" draufsetzen. Alles zusammen in den Ofen für rund 20 Minuten bei etwa 200 Grad Celsius geben.

Erdbeersorbet

130kcal | Kohlenhydrate: 30g | Eiweiß: 1g | Fett: 1g

Zubereitungszeit: 15 Minuten Portionen: 2

Zutaten:

- 1 Zitrone
- 40 g Rohrzucker
- 300 g Erdbeeren

Zubereitung:

1) Die Zitrone auspressen. 3 Esslöffel Zitronensaft mit 150 ml Wasser vermischen. Zusammen mit dem Rohrzucker in einen Topf geben.
2) Alles aufkochen lassen und den fertigen Sirup kaltstellen.
3) Die Erdbeeren fein pürieren und mit dem fertigen Sirup vermischen.
4) Alles in eine Auflaufform geben und für rund 15 Minuten in das Gefrierfach stellen.

Veganer Erdbeerkuchen

330kcal | Kohlenhydrate: 15g | Eiweiß: 10g | Fett: 25g

Zubereitungszeit: 20 Minuten Portionen: 6

Zutaten:

- 360 g Erdbeeren
- 120 g Mandeln
- 12 Datteln
- 2 ½ EL Kokosöl
- 72 g Cashews
- 2 EL Agavendicksaft
- 30 g Pistazien
- etwas Kokosöl zum Einfetten

Zubereitung:

1) Die Datteln, die Mandeln und die Hälfte des Kokosöls miteinander vermengen und im Mixer zerkleinern.
2) Den größten Teil der Erdbeeren und die Cashews zusammengeben und im Standmixer zusammen mit dem Agavendicksaft pürieren. Das restliche Kokosöl hinzugeben.
3) Eine Springform mit ein wenig Kokosöl einfetten und den Dattel-Mandel-Teig in die Form füllen. Der Boden der Form sollte ganz bedeckt sein. Die Erdbeer-Mischung darauf verteilen und glattstreichen. Danach wird der Kuchen rund 4 Stunden im Gefrierfach kaltgestellt.
4) Die Pistazien grob hacken und die restlichen Erdbeeren halbieren.
5) Den Kuchen aus dem Gefrierfach nehmen und mit den Erdbeeren und Pistazien garnieren. Danach erneut für etwa 20 Minuten einfrieren und genießen.

Kokos-Panna-Cotta

220kcal | Kohlenhydrate: 15g | Eiweiß: 10g | Fett: 25g

Zubereitungszeit: 15 Minuten Portionen: 4

Zutaten:

- 1 Limette
- Kardamom
- 400 ml Kokosmilch
- 40 g brauner Zucker
- ½ TL Agar-Agar

Zubereitung:

1) Die Limette heiß abwaschen und in dünne Scheiben schneiden. Die Kardamomkapseln im Mörser leicht zerstoßen. Dabei sollten sie sich öffnen, jedoch nicht komplett aufgehen.
2) Die Kokosmilch mit dem Kardamom, Zucker und den Limettenscheiben aufkochen. Danach die Limetten und den Kardamom wieder entfernen.
3) Nun wird das Agar-Agar eingerührt und alles in kleine Förmchen gegossen.
4) Das Panna Cotta wird für rund 6 Stunden im Kühlschrank kaltgestellt.

Mango-Mousse

220kcal | Kohlenhydrate: 10g | Eiweiß: 5g | Fett: 5g

Zubereitungszeit: 5 Minuten   Portionen: 2

Zutaten:

- 1 Mango
- 200 g Soja-Quark
- rund 2 EL Zucker
- 80 ml Pflanzenmilch (zum Beispiel Mandelmilch)
- 200 ml pflanzliche Schlagsahne
- 1 TL Agar-Agar

Zubereitung:

1) Das Fruchtfleisch der Mango in einen Mixer geben und pürieren. Zucker und Quark hinzufügen und nochmals cremig mixen.
2) Die Pflanzensahne in einer Schüssel aufschlagen.
3) Das Agar-Agar in die Pflanzenmilch einrühren und zwei Minuten aufkochen lassen. Danach schnell in die Mango-Masse einrühren und die aufgeschlagene Sahne unterheben.
4) Das fertige Mousse in Gläser füllen und für etwa eine Stunde kaltstellen.

Schoko-Bananen

310kcal | Kohlenhydrate: 32g | Eiweiß: 23g | Fett: 8g

Zubereitungszeit: 5 Minuten   Portionen: 2

Zutaten:

- 2 Bananen
- 4 Rippen vegane Protein Schokolade
- 2 TL Kokosraspeln

Zubereitung:

1) Die Schokolade im Wasserbad zergehen lassen.
2) Die Bananen schälen und in Scheiben schneiden.
3) Danach die Schokolade darüber geben und mit Kokosraspeln garnieren.

Honig-Bananen

240kcal | Kohlenhydrate: 44g | Eiweiß: 4g | Fett: 4g

Zubereitungszeit: 5 Minuten   Portionen: 2

Zutaten:

- 2 Bananen
- etwas Agavendicksaft
- 2 TL Sesam
- etwas Matcha-Pulver

Zubereitung:

1) Die Bananen in kleine Stücke schneiden und mit etwas Honig vermengen.
2) Den Sesam unterheben und auf zwei kleine Teller anrichten.
3) Mit ein wenig Matcha-Pulver bestreuen.

Schoko-Muffins

230kcal | Kohlenhydrate: 30g | Eiweiß: 5g | Fett: 10g

Zubereitungszeit: 15 Minuten Portionen: 2

Zutaten:

- 50 g Dinkelmehl
- ½ EL Kakao
- ½ TL Backpulver
- 10 g Kokosöl
- 40 g Dattelsirup
- 40 ml Hafermilch
- 12 g Schokodrops (vegan)
- Früchte zum Garnieren

Zubereitung:

1) Das Backrohr auf 200°C (Umluft) vorheizen.
2) Alle festen Zutaten miteinander vermengen. Das Kokosöl erhitzen und dazugeben.
3) Hafermilch und Dattelsirup dazugeben und zu einem glatten Teig verarbeiten. Die Schokodrops unterheben.
4) Den Teig in kleine Muffinförmchen geben und für etwa 20 Minuten backen.
5) Die fertigen Muffins auf Tellern anrichten und mit frischem Obst garnieren.

Waldfrucht-Creme

150kcal | Kohlenhydrate: 30g | Eiweiß: 2g | Fett: 1g

Zubereitungszeit: 5 Minuten Portionen: 2

Zutaten:

- 200 g gefrorene Bananenscheiben
- 150 g gefrorener Beerenmix
- 2 EL Kokosmilch
- 3 EL Agavendicksaft

Zubereitung:

1) Die Bananen und den Beerenmix aus dem Gefrierfach nehmen und für etwa fünf Minuten auftauen lassen.
2) Zusammen mit der Kokosmilch und dem Agavendicksaft pürieren.
3) Gerne kann es mit Hanfsamen oder Mandeln garniert werden.

Shakes & Smoothies

Frucht-Shake

260 kcal | Kohlenhydrate: 45 g | Eiweiß: 3 g | Fett: 7 g

Zubereitungszeit: 10 Minuten   Portionen: 2

Zutaten:

- 400 ml Hafermilch
- 1 Banane
- 5 Erdbeeren
- 3 EL Blaubeeren
- 2 EL Ahornsirup
- 1 EL Kokosmilch
- 1 EL Kokosraspeln

Zubereitung:

1) Die Banane schälen und in Stücke schneiden und die Beeren gut waschen.
2) Danach alles in einen Mixer geben und gut durchmixen.
3) Mit ein paar Kokosraspeln garnieren.

Gurken-Smoothie

76kcal | Fett: 1g | Kohlenhydrate: 10g | Eiweiß: 6g

Zubereitungszeit: 15 Minuten Portionen: 2

Zutaten:

- ½ Salatgurke
- 2 Stiele Minze
- 1 Handvoll Grünkohl
- 1 Limette
- 1 EL Leinöl

Zubereitung:

1) Die Gurke zuerst waschen, halbieren und das untere Ende entfernen. Dann wird die Gurke ungeschält in grobe Stücke geschnitten.
2) Die Blätter von der Minze abzupfen. Zusammen mit dem Grünkohl waschen, verlesen und dann alles mit den Gurkenstücken in den Mixer geben. Ein paar Minzblätter jedoch für die Garnitur zur Seite legen.
3) Die Limette halbieren und auspressen. Den Saft zusammen mit 100ml Wasser und dem Öl in den Mixer geben und alles drei Minuten lang bei höchster Stufe pürieren. Wenn der Smoothie zu dickflüssig ist, mehr Wasser hinzufügen.
4) Den Spinat-Smoothie in die Gläser füllen, mit der zurückbehaltenen Minze garnieren und servieren. Nach Wunsch kann es noch vor dem Servieren gekühlt werden. Guten Appetit!

Rohkost-Smoothie

114kcal | Fett: 2g | Kohlenhydrate: 14g | Eiweiß: 7g

Zubereitungszeit: 10 Minuten Portionen: 2

Zutaten:

- 1 grüne Paprikaschote
- 1 grüner Apfel
- 1 Kohlrabi
- 2 Tomaten
- 200 ml Wasser

Zubereitung:

1) Die Paprika waschen, vierteln und von Stiel und Samen befreien. In grobe Stücke schneiden und in den Mixer geben. Den Apfel waschen, vierteln und Kerngehäuse und Stiel entfernen. Den Apfel in grobe Stücke schneiden, den Kohlrabi schälen, die Tomaten waschen. Kohlrabi und Tomaten ebenfalls in Stücke schneiden.
2) 200 ml Wasser werden nun hinzugegeben und das Gemüse bei höchster Leistung püriert, bis der Smoothie schließlich eine cremig-sämige Konsistenz hat. Bei Bedarf noch etwas mehr Wasser hinzufügen.
3) Den Smoothie auf den Gläsern verteilen und servieren.

Bananen-Shake

360kcal | Kohlenhydrate: 50g | Eiweiß: 4g | Fett: 15g

Zubereitungszeit: 5 Minuten Portionen: 2

Zutaten:

- 2 Bananen
- 400 ml Mandelmilch
- 2 EL Agavendicksaft
- 3 EL Kokosraspeln

Zubereitung:

1) Die Bananen in Scheiben schneiden und zusammen mit den anderen Zutaten in einem Mixer pürieren.
2) In zwei Gläser füllen und bei Bedarf ein paar Eiswürfel hinzufügen.

Erdbeer-Shake

175kcal | Kohlenhydrate: 35g | Eiweiß: 3g | Fett: 2g

Zubereitungszeit: 5 Minuten Portionen: 2

Zutaten:

- 2 Tassen Erdbeeren
- 400 ml Hafermilch
- 2 EL Agavendicksaft
- 2 TL Matcha-Pulver
- Minzblätter

Zubereitung:

1) Die Erdbeeren halbieren und zusammen mit den anderen Zutaten im Stabmixer mixen.
2) In zwei Gläser füllen und mit ein paar Minzblättern garnieren.

Kokos-Kakao

115kcal | Kohlenhydrate: 18g | Eiweiß: 1,5g | Fett: 3g

Zubereitungszeit: 5 Minuten   Portionen: 2

Zutaten:

- 2 Tassen Kokosmilch
- 2 EL Kakao
- Agavendicksaft nach Belieben

Zubereitung:

1) Die Milch zusammen mit dem Agavendicksaft aufkochen und das Kakaopulver einrühren.
2) Von der Flamme nehmen und in zwei Tassen füllen.

Matcha-Smoothie

414kcal | Kohlenhydrate: 35g | Eiweiß: 7g | Fett: 25g

Zubereitungszeit: 5 Minuten   Portionen: 1

Zutaten:

- 1 Esslöffel Matcha-Pulver
- 2 Bananen
- ½ Avocado
- 100 ml Mandelmilch
- Mandelsplitter

Zubereitung:

1) Alle Zutaten in einen Mixer geben und pürieren.
2) In eine oder zwei Schüssel füllen und mit Mandelsplittern garnieren.

Pink Smoothie

300kcal | Kohlenhydrate: 57g | Eiweiß: 5g | Fett: 3g

Zubereitungszeit: 5 Minuten Portionen: 1

Zutaten:

- 1 rote Bete
- 1 gefrorene Banane
- 250 ml Pflanzenmilch
- 1 EL Kakao
- 1 Prise Salz
- Agavendicksaft

Zubereitung:

1) Die gefrorene Banane in Scheiben schneiden. Die rote Rübe schälen und in kleine Stücke schneiden.
2) Alles in einen Mixer geben und pürieren. Mit Eiswürfeln servieren.

Veganer Powershake

360kcal | Kohlenhydrate: 50g | Eiweiß: 5g | Fett: 15g

Zubereitungszeit: 5 Minuten Portionen: 2

Zutaten:

- 2 Äpfel
- 1 Orange
- 4 Datteln (entsteint)
- 400 ml Pflanzenmilch (Mandel, Cashew, etc.)
- 1 Esslöffel Kokosöl
- 2 EL Apfelmus
- 2 EL Sanddornsaft

Zubereitung:

1. Alle Zutaten werden miteinander vermengt und in einem Mixer gut durchgemixt, bis die gewünschte Konsistenz erreicht wurde.
2. Gerne mit etwas Eis in einem Glas servieren.

Köstliche veganer Bananen-Smoothie

225kcal | Kohlenhydrate: 32g | Eiweiß: 5g | Fett: 6g

Zubereitungszeit: 5 Minuten Portionen: 1

Zutaten:

- 1 Banane
- 1 EL Apfelmus
- 1 EL Chiasamen
- 200 ml Mandelmilch
- etwas Zimt

Zubereitung:

1) Alle Zutaten in einen Mixer geben und gut durchmixen.
2) Mit Eiwürfeln in einem Glas servieren.

Cranberry Shake

165kcal | Kohlenhydrate: 20g | Eiweiß: 8g | Fett: 5g

Zubereitungszeit: 10 Minuten Portionen: 2

Zutaten:

- 100 g Cranberries
- 250 ml Sojadrink
- 1 EL Agavendicksaft
- 150 g Sojajoghurt
- 4 Eiswürfel (gerne auch mit Cranberries gefüllt)

Zubereitung:

1) Die Cranberries, Agavendicksaft, den Sojadrink- und joghurt in einem Mixer pürieren, bis alles schön cremig ist.
2) Der Shake kann nun auf 2 Gläser aufgeteilt und mit Eiswürfeln garniert und gekühlt werden.

Himbeer-Mandel Shake

350kcal | Kohlenhydrate: 41g | Eiweiß: 15g | Fett: 14g

Zubereitungszeit: 5 Minuten Portionen: 2

Zutaten:

- 500 g Sojajoghurt Natur
- 200 g TK-Himbeeren
- 200 ml Wasser
- 1 Handvoll Mandeln
- etwas Vanille
- Agavendicksaft zum Süßen

Zubereitung:

1) Alle Zutaten bis auf die Süßungsmittel in einen leistungsfähigen Mixer packen und zu einem cremigen Eiweißshake pürieren.
2) Danach abschmecken und nach Belieben süßen und genießen.

Spinat-Tofu Shake

275kcal | Kohlenhydrate: 32g | Eiweiß: 19g | Fett: 6g

Zubereitungszeit: 5 Minuten Portionen: 2

Zutaten:

- 200 g Spinat
- 200 g Tofu
- 2 Äpfel
- 2 Datteln
- Agavendicksaft zum Süßen

Zubereitung:

1) Alle Zutaten bis auf die Süßungsmittel in einem leistungsfähigen Mixer zu einem cremigen Eiweißshake pürieren.
2) Danach abschmecken und nach Belieben süßen und genießen.

Pfirsich Shake

119kcal | Kohlenhydrate: 18g | Eiweiß: 6g | Fett: 3g

Zubereitungszeit: 10 Minuten   Portionen: 2

Zutaten:

Für den Pfirsich-Shake:

- 1 großer weißer Pfirsich
- 1 EL Spirulina oder Chlorella (nach Wahl)
- 2 EL Lupinenprotein (Lupinenmehl)

Weitere Zutaten und Gewürze:

- 300 ml Mandelmilch
- 150 ml Wasser
- 1 Spritzer Zitrone
- 2 EL süßes Mangopulver Bio

Zubereitung:

1) Den Pfirsich waschen, halbieren, entsteinen und in grobe Würfel schneiden.
2) Alle Zutaten für den Pfirsich-Shake für 1 Minutein einen Mixer geben.
3) Bei Bedarf noch etwas Wasser dazugeben, wer es flüssiger haben möchte.

Grüner-Birnen-Vitaminboost

309kcal | Kohlenhydrate: 53g | Eiweiß: 27g | Fett: 2g

Zubereitungszeit: 5 Minuten   Portionen: 1

Zutaten:

- 1 Scoop Erbsenprotein
- 1/2 Knolle frischen Ingwer (Menge nach Geschmack)
- 50g gekochte Gartenerbsen
- 1 knackiger Apfel
- 1/2 Bio Limette (Saft und Schale)
- 1/4 Gurke
- 150ml Wasser

Zubereitung:

1) Entkerne den Apfel und Birne, gib beides in einen Mixer mit all den anderen Zutaten mixen bis alles cremig ist.

Beeren Power Shake

460kcal | Kohlenhydrate: 63g | Eiweiß: 19,5g | Fett: 15g

Zubereitungszeit: 5 Minuten   Portionen: 1

Zutaten:

- 250 ml Sojamilch
- 130 g gefrorene Beeren (Himbeeren, Brombeeren, Johannisbeeren)
- 30 g Haferflocken
- 20 g Hanfsamen
- 1 TL Reissirup

Zubereitung:

1) Alle Zutaten im Mixer cremig mixen.

Paleo Cashew Bananen Shake

460kcal | Kohlenhydrate: 46g | Eiweiß: 15g | Fett: 22g

Zubereitungszeit: 5 Minuten   Portionen: 1

Zutaten:

- 250 ml Mandelmilch
- 1 Banane
- 30 g Cashewbutter
- 20 g Hanfsamen
- 1 TL Reissirup
- 1/2 TL Zimt
- 1/4 TL gemahlene Vanille

Zubereitung:

1) Alle Zutaten im Mixer cremig mixen.

Paleo Schoko Chia Shake

430kcal | Kohlenhydrate: 19g | Eiweiß: 15g | Fett: 30g

Zubereitungszeit: 5 Minuten   Portionen: 1

Zutaten:

- 250 ml Wasser
- 50 g Cashews
- 2 EL Chiasamen
- 1 EL Kakaopulver
- 2 TL Reissirup
- 1/4 TL gemahlene Vanille

Zubereitung:

1) Alle Zutaten im Mixer cremig mixen.

TOFFEE – POPCORN – BANANE

310kcal | Kohlenhydrate: 38g | Eiweiß: 34g | Fett: 2g

Zubereitungszeit: 5 Minuten   Portionen: 1

Zutaten:

- 1 Scoop Erbsenprotein
- 1 große Banane
- 250ml pflanzliche Milch
- 4-6 Tropfen FlavDrops, Toffee
- 1/2 TL Zimt
- Handvoll Popcorn zum Garnieren

Zubereitung:

1) Alle Zutaten, bis auf das Popcorn in einen Mixer/ Shaker geben und pürieren.
2) In ein Glas füllen und mit Popcorn garnieren, fertig!

Avocado Smoothie

185kcal | Kohlenhydrate: 8g | Eiweiß: 8g | Fett: 12g

Zubereitungszeit: 15 Minuten Portionen: 2

Zutaten:

- 300 g Sojajoghurt
- ½ Avocado
- 1 Limette
- 1 TL Chilipulver
- Eiswürfel

Zubereitung:

1) Zuerst die Avocado halbieren, den Kern entfernen und mit einem Esslöffel das Fruchtfleisch herausholen.
2) Nun den Saft der Limette auspressen.
3) Jetzt werden alle Zutaten (1-2 Eiswürfel) in den Mixer gegeben und durchgemischt.
4) Der Shake kann nun auf 2 Gläser aufgeteilt und mit Eiswürfeln garniert und gekühlt werden.

Basischer Proteinshake

132kcal | Kohlenhydrate: 25g | Eiweiß: 2g | Fett: 1g

Zubereitungszeit: 5 Minuten Portionen: 2

Zutaten:

Für den Protein-Shake

- 200 g Ananas (schälen und grob schneiden)
- 50 g Feldsalat (gewaschen)
- 4 entsteinte Datteln (wenn Ihre Ananas süß genug ist, können Sie weniger oder gar keine Datteln verwenden)
- 1/2 Limette (schälen und halbieren)
- 5 g Ingwerwurzel (schälen und halbieren)
- 5 g Kurkumawurzel (schälen und halbieren)

Weitere Zutaten und Gewürze

- 300 ml Mandelmilch
- 1 EL Bio-Süsslupine mit Vanille
- 2 EL Bio-Mangopulver
- 1 Prise schwarzer Pfeffer aus der Mühle

Zubereitung:

1) Die ersten 6 Zutaten in den Mixer geben und mit der Mandelmilch pürieren.
2) Dann die restlichen Zutaten dazugeben und nochmals kräftig mixen.
3) Bei Bedarf noch etwas Wasser dazugeben.
4) Den Protein-Shake auf zwei Gläser verteilen und genießen.

Protein-Shake mit Grünkohl und Früchten

160kcal | Kohlenhydrate: 18g | Eiweiß: 11g | Fett: 4g

Zubereitungszeit: 15 Minuten   Portionen: 2

Zutaten:

Für den Protein-Shake

- 60 g Grünkohl (in feine Streifen schneiden)
- 80 g frische Heidelbeeren
- 80 g frische Himbeeren
- 1 Banane (grob in Stücke schneiden)
- ½ Orange (grob in Stücke schneiden)
- 2 Datteln (entsteint)

Weitere Zutaten und Gewürze

- 350 ml Mandeldrink
- 1 EL Chiasamen
- ½ TL Vanillemark
- 20 g Reisproteinpulver (oder Proteinpulver nach Wahl)
- 20 g Petersilie (waschen, trocknen und von den Stielen zupfen)
- 10 g frischer Koriander (waschen, trocknen und in zwei Hälften teilen)
- 2 Stängel Minze
- 2 Scheiben Orangen
- ein paar Himbeeren (für die Garnitur – optional)

Zubereitung:

1) Alle Zutaten für den Proteinshake nacheinander in den Mixer geben und zum Schluss mit dem Mandeldrink auffüllen.
2) Dann kräftig mixen, bis der Shake die gewünschte Konsistenz erreicht hat.
3) Den Proteinshake portionsweise in Gläser füllen, ausgarnieren und geniessen.

Protein-Shake mit Ananas und Grünkohl

229kcal | Kohlenhydrate: 42g | Eiweiß: 6g | Fett: 3g

Zubereitungszeit: 15 Minuten   Portionen: 4

Zutaten:

- 350 g reife Ananas (schälen, Strunk entfernen und in grobe Stücke schneiden)
- 85 g Grünkohlblätter (ohne Stiele)
- 1 reife, feste Avocado (schälen und den Kern entfernen)
- 1 roter süßer Apfel (vierteln und entkernen)
- 4 Datteln, entsteint
- 2 EL Vanille-Proteinpulver
- 1 EL Hanfsamen, geschält
- 10 g Ingwerwurzel, geschält
- 1 Bund Koriander (alternativ ca. 20 g Spinat)
- ca. 400 ml Wasser
- 1 Spritzer Zitronensaft (optional)
- 1 Prise Kristallsalz

Zubereitung:

1) Für den Protein-Shake die Ananas mit 100 ml Wasser in den Mixer geben und kurz mixen.
2) Dann alle weiteren Zutaten nach und nach dazugeben, das Ganze fein pürieren und zum Schluss mit 400 ml Wasser auffüllen.
3) Bei Bedarf mit etwas Salz und Zitrone abschmecken.

Protein-Smoothie mit Matcha Grüntee

415kcal | Kohlenhydrate: 36g | Eiweiß: 7g | Fett: 25g

Zubereitungszeit: 15 Minuten Portionen: 2

Zutaten:

Für den Protein-Smoothie mit Matcha

- 150 g Bio-Salatgurke (grob zerkleinern)
- 60 g Datteln, entsteint
- 1 reife Avocado (halbieren, entsteinen und schälen)
- 1 ½ EL Proteinpulver, z. B. Erbsenprotein

Weitere Zutaten und Gewürze

- 300 ml Orangensaft, frisch gepresst
- ungefähr 200 ml Wasser
- 1 TL Zitronensaft, frisch gepresst
- 1 TL Matcha Tee Pulver
- ½ TL Vanillepulver
- 1 Prise Kristallsalz

Zubereitung:

1) Für den Protein-Smoothie mit Matcha alle Zutaten in einem Standmixer fein pürieren; ggf. noch etwas Wasser hinzufügen.
2) Auf zwei Gläser verteilen und sofort genießen!

Haferflocken Smoothie

185kcal | Kohlenhydrate: 8g | Eiweiß: 8g | Fett: 12g

Zubereitungszeit: 15 Minuten Portionen: 2

Zutaten:

- 300 g Sojajoghurt
- ½ Avocado
- 1 Limette
- 1 TL Chilipulver
- Eiswürfel

Zubereitung:

1) Zuerst die Avocado halbieren, den Kern entfernen und mit einem Esslöffel das Fruchtfleisch herausholen.
2) Nun den Saft der Limette auspressen.
3) Jetzt werden alle Zutaten (1-2 Eiswürfel) in den Mixer gegeben und durchgemischt.
4) Der Shake kann nun auf 2 Gläser aufgeteilt und mit Eiswürfeln garniert und gekühlt werden.

Schlusswort

„Die Arbeit ist getan, das Buch fertig. Ob es mir gelungen ist, was ich vorhatte, weiß ich nicht. Keiner, der eben das Wort „Ende" hingeschrieben hat, kann wissen, ob sein Plan gelang. Er steht noch zu dicht an dem Hause, das er gebaut hat. Ihm fehlt der Abstand. Und ob sich's in seinem Wortgebäude gut wird wohnen lassen, weiß er schon gar nicht."

Erich Kästner

Ich hoffe Sie haben Spaß beim Ausprobieren der leckeren Rezepte.

Probieren Sie immer wieder Neues aus und beziehen Sie die ganze Familie mit in die Planung und Vorbereitung ein.
Kombinieren Sie die Zutaten gerne so wie es Ihnen und Ihrer Familie schmeckt.
Essen sollte ein Genuss sein und die Grundlage für Gesundheit, ein positives Lebensgefühl und Leistungsfähigkeit sein.
Vielen Dank, dass Sie sich für dieses Buch entschieden haben.
Ich habe viel Zeit und Arbeit in diese Rezepte gesteckt und würde mich sehr über eine positive Rezension freuen. So helfen Sie auch anderen Lesern und machen es möglich, dass mehr Menschen dieses Buch finden und vielleicht auch die Freude am Kochen entdecken.

Lassen Sie es sich schmecken und bleiben Sie gesund!

Ihr Adrian Keck & das Cooking Revolution Team

COOKING REVOLUTION

Empfehlungen

ONE POT GAUMENSCHMAUSS

120 Schnelle & einfache Rezepte aus einem Topf. Ein Kochbuch mit Suppen & Eintöpfen, Vegetarischen Gerichten für eine gesunde Ernährung, sowie Pasta- & Reisrezepten.

Wenn es schnell und einfach gehen soll, ohne viel Aufwand und dem großen Spülen hinterher, dann bietet sich ein Kochtrend besonders an: **One Pot**.

Wie dem Begriff schon zu entnehmen ist, kommen hier alle Zutaten eines Gerichts in nur einen Kochtopf und garen dort gemeinsam vor sich hin, bis ein leckeres Gericht auf dem Tisch steht und Dich, Deine Familie und Deine Freunde glücklich macht.

Zum One Pot Kochbuch: www.amazon.de

Mediterranes Kochbuch für eine gesunde Ernährung

120 einfache und schnelle Rezepte der mediterranen Küche. Mit der Mittelmeerdiät gesund ernähren und abnehmen.

Die mediterrane Diät oder auch Mittelmeerdiät genannt: So gelingt Abnehmen zusammen mit Urlaubsfeeling.

Durch den Namen Mittelmeerdiät kommt direkt ein Gefühl von Urlaub, Sonne, Strand und Meer auf und das Beste: Diese Diät ist gesund. Diese mediterrane Diät verspricht einen schnellen Erfolg und ist unglaublich lecker. Da ist es nicht ungewöhnlich, dass die mediterrane Diät auf der Liste der Abnehmtricks ganz weit oben steht. Doch da kommen auch Fragen auf: Was macht die Mittelmeerdiät aus? Worauf müssen Sie beim Abnehmen achten?

Zum Kochbuch: www.amazon.de

Weihnachtliche Köstlichkeiten

100 einfache Rezepte für ein besinnliches Fest. Leckere Ideen für Aufstriche & Liköre, Hauptspeisen, Plätzchen & Stollen.

Mit Weihnachten verbinden die meisten wohl in erster Linie die klassischen Weihnachtsplätzchen, gefolgt, von Stollen, Lebkuchen und Spekulatius. Doch die Weihnachtszeit bietet auch viele andere kulinarische Möglichkeiten.

Alljährlich steht man vor derselben Frage: Wie wird das Weihnachtsmenü aussehen? Um das leckere Mahl zu etwas ganz Besonderem zu machen wird in der Regel nach einem ausgefallenem, nicht alltäglichen Gericht gesucht, mit dem man die Gäste (und sich selbst) etwas verwöhnen kann. Die Rezepte in diesem Buch umfassen rein fleischliche Hauptspeisen, wobei jedoch die Fleischsorten recht abwechslungsreich gestaltet wurden.

- Köstlichkeiten für Zwischendurch
- Hauptgerichte
- Desserts
- Plätzchen & Gebäck

Zum Kochbuch: www.amazon.de

Genussvoll Essen trotz Gicht

Vielfältiges Kochbuch mit 150 gesunden, purinarmen Rezepten zum Abnehmen und Senken der Harnsäurewerte.
Hausmittel - alternative Behandlungsformen – Purintabelle

Dieses Buch liefert Dir leckere und abwechslungsreiche Rezepte, die sich in den Alltag einbinden lassen. Es hält auch wichtige Informationen zum Thema Gicht bereit: wie die Krankheit entsteht, wie sie behandelt wird und auch, wie Du Gicht natürlich selbst behandeln kannst.
Deine Ernährung ist ab sofort alles andere als einseitig, denn neben Rezepten für Hauptspeisen, findest Du ein großes Sortiment an Frühstücksrezepten und auch Rezepten für Salate oder Snacks für zwischendurch.

Zum Kochbuch: www.amazon.de

Quellen

ICONS:

Frühstück: Icons made by Smashicons www.flaticon.com

Hauptspeisse: Icons made by Linector www.flaticon.com

Salate: Icons made by Freepik www.flaticon.com

Nachtisch: Icons made by Freepik www.flaticon.com

Shakes: Icons made by Wanicon www.flaticon.com

Impressum

Herausgeber:

Mike Taubald
Eisenberger Straße 90
07629 Hermsdorf
Deutschland

Covergestaltung: lauria
Coverfoto: depositphotos.com_207277400

Notizen

Notizen

Notizen

Printed in Poland
by Amazon Fulfillment
Poland Sp. z o.o., Wrocław

31643617R00107